# 德创未来

# DECHUANG WEILAI

胡成中◎著

中国文史出版社
CHINA CULTURAL AND HISTORICAL PRESS

**图书在版编目（CIP）数据**

德创未来 / 胡成中著. -- 北京 ：中国文史出版社，2021.10

（政协委员文库）

ISBN 978 - 7 - 5205 - 3127 - 6

Ⅰ. ①德… Ⅱ. ①胡… Ⅲ. ①胡成中 - 自传 Ⅳ. ①K825.38

中国版本图书馆 CIP 数据核字（2021）第 172041 号

---

责任编辑：金硕　刘华夏

---

出版发行：**中国文史出版社**

社　　址：北京市海淀区西八里庄路 69 号院　　邮编：100142

电　　话：010 - 81136606　81136602　81136603　81136605（发行部）

传　　真：010 - 81136655

印　　装：廊坊市海涛印刷有限公司

经　　销：全国新华书店

开　　本：787 × 1092　1/16

印　　张：12.25

字　　数：136 千字

版　　次：2021 年 10 月北京第 1 版

印　　次：2021 年 10 月第 1 次印刷

定　　价：58.00 元

---

▲ 胡成中

▲ 2006 年 3 月 5 日，胡成中接受中央电视台采访

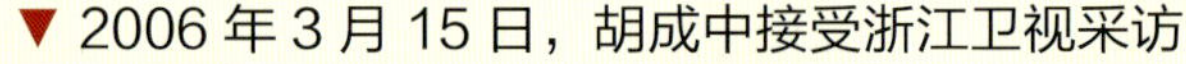

▼ 2006 年 3 月 15 日，胡成中接受浙江卫视采访

▲▼ 2019 年两会期间胡成中接受新华网访谈

▲▼ 2019 年 3 月，胡成中参加十三届全国人大二次会议

▲ 2021 年，胡成中在两会小组讨论发言

▼ 2021 年，胡成中参加十三届全国人大四次会议

▲西藏萨迦雄麦德力西电气希望小学欢乐的孩子们

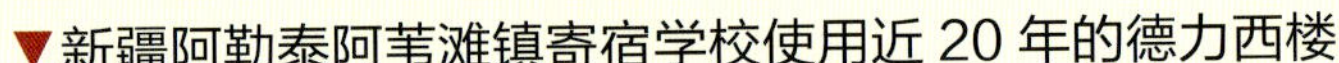

▼新疆阿勒泰阿苇滩镇寄宿学校使用近 20 年的德力西楼

# 序言

从 2004 年的《财富与责任》，到 2014 年的《德报人类》，再到今年的《德创未来》，这已经是我第三次为胡成中先生的著述作序。

胡成中先生出身温州农家，少年失学，随父亲做裁缝学徒，他性格坚韧，志存高远，更与父辈遭逢了不同的创业环境。在改革开放的曙光初露微芒之际，他便以 16 岁的韶龄勇敢走出家乡，投身温州“十万供销大军”，赚得人生第一桶金。又在小平同志首次南方谈话之年，毅然回乡办厂，走抓质量、树品牌的正道，从数以千计的同乡小作坊中脱颖而出，一手缔造了中国电气行业的龙头企业德力西集团。

浙江是中国民营经济的重要发祥地，浙商、浙企是观察中国民营经济发展的重要窗口。在我国民营企业存续周期普遍较短的情况下，以德力西为代表的这一批与改革开放同步发展，穿越三四十年市场竞争的风雨和国内外周期性波动，至今仍保持着稳健势头、旺盛活力的企业，无疑具有重要的研究意义和参考价值。

胡成中先生与德力西的成功，得益于改革开放的历史机遇，同时我还认为与他本人的四点特质密不可分。

一是心无旁骛的超强定力。胡成中先生创业伊始就选定的电气产业，是国民经济的“神经中枢”，触角延伸各行各业，只要有电的地方就有电气的商机。随着我国“碳中和”约束的强化，电力在能源终端消费中的比重还要大幅度提高，电气产业又将迎来新一轮大发展的机遇。这既是德力西之幸，也是胡成中先生眼光之远。更难能可贵的是，他从16岁到60岁，毫不动摇地把主要精力放在做强电气主业上，这份久久为功的专注和耐力，正是中国制造业最可贵的精神元素。

二是实业报国的深挚情怀。“多元化”本身并无对错，但近年来一些民营企业贪大求全、无序扩张、脱实向虚，慕虚名而处实祸，付出了惨痛的代价。德力西在聚焦电气主业的同时，善于从国家战略导向中捕捉新机遇，始终把党和国家倡导的事情与自己的擅长作为结合点，适时、适度向军工、半导体、新能源精密制造等领域延伸，既为国家安全、产业链安全作出实实在在的贡献，又为自己找到了长远可持续发展的“压舱石”。这是中国民营企业尤其值得借鉴的经验。

三是创新图强的经营哲学。在中国电气行业当中，德力西是首先三次荣获国家科技进步奖的民营企业，这是胡成中先生重创新、敢超越的治企之道的成果体现。他在创业之初就立下了赶超西方的宏愿，又善于量体裁衣，使企业的管理、研发、市场等各项工作既适应企业实际和所处的发展阶段，又顺应外部时代要求，勇立行业潮头。当今中国的电气市场，国产品牌能够与世界巨头平分秋色，胡成中先生等本土企业家功不可没。

四是以德为先的个人品质。重诺守信、让利于人，是胡成中先生早年泛舟商海的致胜之由，这并非某种阶段性策略，而是家族传承、深蕴内心的个人优秀品质的自然流露。这种以德为先的处世之道，让他在取得成就后依然保持着谦逊低调的作风，对客户和合作伙伴报以尊重，对员工报以宽厚和关爱；也让他在亲清型政商关系中找得准定位、守得住底线，真正做到了“遵纪守法办企业，光明正大搞经营”。

自2003年首次当选全国政协委员以来，胡成中先生连任两届全国政协委员，2018年又再次当选全国人大代表。在出入国家最高议事殿堂的十余年间，他勤勉履职，提交政协提案、人大建议五十多份十万余字，建言献策涵盖民生、产业、金融、科技、城市管理、国际贸易等诸多领域。他所提有关“春运票价取消上浮”、“产业扶贫可以双赢”、“高度重视制造业的就业承载功能”、“不能借‘算法’之名苛待零工经济群体”等建议，都得到了中央有关部门的高度重视，加速了相关政策的改进或落地，成为推动社会关切问题得到解决的重要助力、党和国家与人民群众的沟通桥梁。

从雁荡山脚下的小镇一路走来，德力西年近不惑正蓬勃，刚过60岁的胡成中先生也正处在企业家的黄金之年。鉴往知来，读本书如见其人，我深信德力西在胡成中先生一家人的接力奋斗之下，必将在我国双循环发展新格局下发挥更重要的作用，为社会经济、人民幸福作出更大的贡献，由此奠定通往百年品牌的康庄大道！

黄孟复

2021年9月

（第十届、十一届全国政协副主席，全国工商联名誉主席）

**第一章　创业之路 / 1**

创业基因早萌动 / 3

求精扬帆初有成 / 12

以德立企志高远 / 21

**第二章　经营之道 / 27**

科技创新立潮头 / 29

合纵连横构宏图 / 48

“狼羊”竞合缔姻缘 / 54

青蓝相继谱新篇 / 68

**第三章　善念之行 / 75**

员工为本总关情 / 77

播撒“爱的希望” / 99
财富 · 责任 · 义利观 / 109

**第四章　履职之诚** / 119

代言产业频献策 / 121
关注民生屡直言 / 131
来往之间见诚意 / 138

附录一：胡成中全国两会文稿选编 / 147
附录二：胡成中全国两会提案、建议目录 （2003—2021） / 169
附录三：胡成中全国两会履职纪事 / 171

# | 第一章 |

# 创业之路

在雁荡山麓、东海之滨有一个神奇的古镇叫“柳市”。据传，今天的虎啸桥（古时称“龙首桥”）桥畔有一棵千年大柳树，浓荫如盖，乡人多聚此树下，以自家之有余易自家之不足，天长日久，逐渐形成了固定的市场，成为浙江沿海经济走廊中重要的经贸集散地，因而被称为“柳市”。

改革开放的春雷乍动，灵性飞扬又吃苦耐劳的柳市人敢为人先，冲破计划经济体制的束缚，开创了产销低压电器的崭新天地。他们以多年做工经商的经验和走南闯北形成的市场营销优势，建立了闻名全国的“中国低压电器之都”。柳市很快声名远播，成为“温州模式”的发祥地之一，在中国民营经济的发展史中谱写了辉煌的篇章。

# 创业基因早萌动

## 多难的童年

1961 年 3 月，我出生于乐清县柳市镇上园村一个平常的手艺人家庭。

我一出生，就赶上“三年困难时期”，小生命充分尝到了饥饿的滋味。1966 年，厄运又一次降临到我的童年时代，比起其他人，我的家庭经历了更多的痛苦。此时的我已有朦胧的认知，苦难在我心中刻上了深深的烙印。

我的父亲胡定余，是柳市镇上有名的裁缝师傅，新中国成立前高小毕业还读了一年商校，在那个时期的农村也算是个文化人，曾担任过村里的民校教师，政府分配他去附近小学当校长，他不愿去；让他在供销社当计划员，他干了三个月也不干了。相比而言，那几个工作的收入还太低，过不上好日子。当时农村流行的是“有艺不愁穷”，父亲就去学做衣裳了。在柳市学了三年，又到温州从师，后来又去部队做了 8 年的裁缝，成为一个技艺高超的裁缝师傅，很多人把子女送来跟他学手艺，推都推不掉。父亲脑筋灵活，千方百计买来锁扣机、锁袖机、锁边机等新设备，千辛万苦地到山区、到海岛采购物资布料，还废物利用，用旧尼龙做雨衣，早早地让我们几个儿女当学徒，一家人没日没夜地干，好不容易挣了一些钱，在 1966 年建起了三间两层的新房。乡邻问起时，父亲正在兴头上，随口说花了几千块，将近一万元。在大家都贫穷的时代，一座“单万屋”引来众人注目，也有不少人眼红——“枪打出头鸟”的悲剧发生了。父亲被诬为“新生资产阶级”，游街批斗，新房没收，坐了一年多的班房，获释后还被管制劳动，受尽屈辱。

母亲包兰妹，8 岁就跟外祖母到柳市福生布厂当调纱的临时工，10 岁进厂当工人，18 岁就在厂里入了党，当了组长，经常评上“生产先进”，而且还在温州地区的竞赛中获奖。她不仅在厂里工作积极，回家还操持家务，帮助父亲锁边、锁扣眼、钉钮扣，与父亲一起，为实现建新房的目标而日夜打拼。然而，政治运动一个浪头打来，就毁掉了母亲的希望。

八九岁时，看见造反派押着头戴高帽、颈挂木牌的父亲游街示众，我赶紧扭过头，连看都不忍看。见到父亲与村里的几个“牛鬼蛇神”被押上台，造反派一个接一个上台揭发“罪行”，接着一遍又一遍地高呼“打倒胡定余”的口号，我悄悄藏在人群中，眼泪汪汪。父亲被关进牢房后，我跟着母亲，一起在公安局门口大哭，求守门的战士放我们进去探监。父亲管制劳动时被责令扫大街，开会搬凳子，我与姐姐哥哥一起，满腹委屈地帮助父亲一起干。

那时我还在上小学，班里选班主席，老师让全体同学民主投票。全班 59 个同学，我得了 58 票，本来是理所当然的班主席了。但由于父亲的原因，校方说我不合适，把选举结果取消了，指定另一位同学当班主席。这件事对我幼小的心灵是一个沉重的打击。在

与父母兄弟姐妹合影

同学面前，我都觉得抬不起头。还好，班主任还是喜欢我的，为了照顾我的情绪，后来让我当体育委员，给了我一点弥补，但心灵的创伤总是抹不掉，始终深深地隐藏在我心中。

这时，我也饱尝了生活艰苦的滋味。父亲坐牢后，母亲一个月只有 28 元工资。一家人日子过得紧巴巴的。粮食不够，我们要去捡地里剩下的小番薯吃；吃饭没有菜，一年到头吃母亲腌的黄菜梗；为了省点柴火钱，我与兄弟姐妹拿着铁丝，把飘落在路上的黄树叶串起来，或者在乐琯运河，把木材公司堆放在河里的木排上的干树皮剥下来，拿回家给母亲烧火做饭。

苦日子就这样一天天地挨过来，苦难刻在我幼小的心灵中，既有隐隐的痛楚，又有愤愤的不平。

## 父亲的小学徒

13 岁，正是人生美好的开端，作为一个正在柳市中学求学上进的初中生，我对未来有许多梦想。然而初中刚读半年，有一天，刚从学校回来的我被父亲很郑重地叫到跟前，说家里没办法供我继续上学了，要我跟他学裁缝。那一刻，我心里有一种凉透了的感觉，但就在我想号啕大哭的一瞬间，瞪大的眼睛看见了父亲脸上纵横交错的皱纹，那里深深地铭刻着生计的艰辛和无奈。刚出监狱不久的父亲，仍顽强地为全家的生活打拼。想起父亲经历的冤屈，正要涌上心头的所有怨言，霎时都被压到了心底，我顺从地成为父亲手下的小徒弟。

看到同学们背着书包高高兴兴地上学去，我的心里感到一阵阵难过，同时又感到很难为情。父亲要我坐裁缝铺的前排，面对大街，当有同学经过时，我的脸会不由自主地红起来，随即低下头去。这个年龄，大家都在读书啊，可我没有书读，我不敢面对同学们。不过，姐姐胡乐娥，小学只读了四年，就成了父亲的女徒弟，早已成为能独当一面的师傅了；哥哥胡成虎，初中读了一年多就辍学了；弟弟胡成国初中也只读了一年，就跟着父亲当了裁缝学徒；小妹胡乐云，读到小学毕业，同样是 13 岁就回家学裁缝了。除了母亲，全家大大小小，都做了裁缝师傅和学徒。

父亲经常带儿女、学徒，担着缝纫机到乡下替人做新衣、做嫁妆、做“摸周”。柳市镇附近的曹田、仁宕、唐沿周、智广，这些地方都去过。我记得，较远的一次是离家 20 多里的白石山村。一边是缝纫机，一边是工具箱，那一担整整有百来斤重，压得稚嫩的

青年时期爱好读书的胡成中

肩膀好痛。早上四点多太阳还没露脸我们就出来了，晚上六七点太阳早已下山我们还没回家，来来回回，天总是黑黑沉沉的。

兄弟姐妹中，母亲总是夸我钮扣锁得最工整，车工做得最漂亮。一次在乡下做活儿，一件丝棉袄装好丝棉后，要翻回正面去。因为洞口很小，父亲翻不出来，还是我的小手替父亲翻过来，挽回了父亲作为老师傅的面子。

虽然我很快便成为父亲的得力助手，但做裁缝不是我的志向，裁缝铺的生意日复一日地循环着，我觉得很单调、很枯燥。在缝纫车的机械声中，我常常想，这辈子难道就这样了？尽管那时我的憧憬非常模糊，但心中改变现状的渴望却非常强烈。

## 不安分的心

1976 年 10 月，粉碎“四人帮”，无疑是平地一声春雷，乌云消散，霞光顿现，给人们带来万物复苏的期盼。在经济领域，很快就春潮涌动，没有任何力量能阻挡。不甘贫穷的温州农民，自发地以多种方式尝试着冲破束缚，逃离贫困。特别是有着经商传统的柳市人，悄悄掀起跑供销、推销电器的热潮，走上经商办厂之路，成为温州模式早期冲破旧体制的先锋敢死队。

离我家裁缝店不到 300 米处就是柳市汽车站，渐渐地，这里变成最热闹的地方。从早到晚，数不清的供销员都在车站里进进出出。那时，这里可以说是一个信息汇集的中心。我经常偷空溜到那里站一会儿，目送一批又一批外出做生意的人登上客车。在与一些人的交流中，听听乡亲们出去创业的故事，了解外面精彩的世界。

每次回家的时候，我的心情总是难以平静。我思索着父亲的经历，总觉得像父亲这样一辈子做裁缝太平淡了，不如到外面闯一闯，也许能闯出一番事业来。在裁缝店里，我虽然手里裁剪着布料，心里却是波涛起伏。我隐隐地感觉到，这也许就是改变人生的机会。

1977 年的冬天，我终于向父亲提出要出去跑供销。父亲看我不想做裁缝，勃然大怒。在父亲的心目中，我是最理想的传承人，对我寄予很大希望，突然听说我不要做裁缝，一时怒火攻心，顺手抄起扁担就要揍我。大姐胡乐娥大喊：“成中快逃！”我绕着道坦（温州方言，庭院的意思）跑，父亲没有打到我。

事后，父亲的心情渐渐平静下来，轻声劝我说：“你还小，外面干事很苦，就别胡思乱想了。”我说：“吃苦我不怕，你就让我去闯一闯吧。”

为了表明自己已经成为大人，我留起了胡子。我的执着，最终说服了父亲。他请一个徒弟的丈夫根旺叔带一下我，大姐和母亲凑了200元钱，给我当盘缠。从此，我开始了供销员生涯。

## 艰辛淘金路

既然决定了，父亲就很支持儿子了。那时政策还不许个人接业务，当供销员要有挂靠的工厂，出去要有厂里的工作证和介绍信，产品发出后钱也汇到厂里，由挂靠的工厂抽取管理费。那些电器产品，接触点所用的材料是白银，当时属于国家管控物资，刚开始时乐清管得很严，产品大多要偷运出去。发出的产品被查到，那就是投机倒把。父亲为邻县永嘉石染乡农机厂介绍过业务，通过他牵线，我挂靠到了永嘉的石染乡农机厂。

那天，父亲放下手头的活儿，专程陪我去永嘉。石染是个偏僻的山区，位于永嘉县西部，楠溪江最上游，西、南邻接青田县。乘汽车到了远近闻名的岩坦镇陈山头村后，还要徒步走6个小时的山路，两旁都是深山老林。好在山里人很热情，他们给了我一个蓝色工作证，上面的职务竟然是副厂长。这使我心里很高兴，这个身份使我感到腰杆硬了不少。我在这个厂挂靠了两年多，直到乐清政策放宽后，才不再需要这个工作证。

1977年的冬天特别寒冷。那天早晨五点多，太阳还没露脸，薄雾笼罩着柳市汽车站，风刮在脸上像刀割一样。但我的心里却没有初次远行的寒意，我的心情十分激动，就像摆脱了鸟笼的束缚、展开翅膀要飞向蓝天的小鸟一样，感到天空无比的宽广和美丽。

我刚开始接业务，目的地选在湖南。清晨出行，6.4 元钱买了一张到金华的汽车票，一直颠簸到下午 4 点才到金华，然后要转乘火车。那时金华都是过路车，车次很少，买票的人很多，要在车站排队，一直到夜里 3 点多，售票的小门才打开。金华到长沙，车票是 12.6 元一张。

火车上人挤人，根本没座位，我身材瘦弱，差点被挤扁。为防止行李被偷，我用一条自行车的链条锁把手提包锁在行李架上。站太久实在累得站不住，我便侧身钻进座位下，用上车前捡的两张报纸，铺在地上，蜷缩在那个又矮又小的空间里睡觉。睡在列车的地上，汗臭、脚臭、灰尘一阵接一阵地直往鼻子里钻，“咣当、咣当”的列车声中我到了陌生的长沙。

到了长沙，我把城里的影剧院一家一家跑遍了，然后又在乡下的抽水机站之间挨个儿跑。长沙郊区 85 个村的抽水机站，我连续跑了十几天，都没有丝毫收获。后来我就朝有烟囱的地方跑，我想，有大烟囱肯定是大工厂，工厂就得用电器。

那段时间，吃不上饭，我就啃冷面饼，加一杯凉开水，啃一块，喝一口，晚上住浴室的集体铺，1.8 元钱一夜，有时住地下室，2 元钱一夜。我四处奔波，几乎磨破了嘴，跑断了腿，吃闭门羹，坐冷板凳，碰一鼻子灰，挨无数顿骂，但我都忍着。

我坐拖拉机到乡间公路尽头，再走三个小时的泥路，终于到了乡下厂矿，谈成了第一笔业务。再走三个小时返回公路口，搭一辆破旧的运煤车回来。那个夜晚特别黑特别静，四周空旷，没有行人也没有灯光，寒风一阵接一阵地吹。虽然又冷又饿，但我心里并不觉得苦，更多的是成功的喜悦。父亲的经历和自己的亲身经历让我知道，要想成功，就得吃苦。

第一次跑供销，我接了400元的接线鼻业务。这些铜做的接线鼻，黄澄澄的，我用红丝线一捆捆扎起来，像西洋参摆在盒子里一样。我后来接的业务也一样，给别人发的货，宁可少赚钱，都要挑最好的产品。这种做事认真、诚信负责的态度，就是跟父亲做裁缝时形成的习惯。也许正是好习惯给了我好运气，我接业务越来越顺利。

我忐忑不安地闯进一个新领域，虽然艰难，但终于成功。后来才知道，我在长沙跑业务的那段时间，中共中央召开了十一届三中全会，作出改革开放的重大决策。这不仅是国家民族的转折点，也是我们一家人走过苦难、迈向成功的分水岭。我与父亲遭遇的不同，是因为国家的政策变了。草根平民的命运，其实也跟国家的命运紧紧连在一起。

# 求精扬帆初有成

## 家庭作坊的苦和乐

1984 年初，我回到柳市，想开个工厂。在外面摸爬滚打近 7 年之后，我对市场情况了如指掌。国家百废待兴，各项事业只要搞建设就都离不开电，低压电器产品因此供不应求，前景很好，推销产品不如办厂，只要产品质量好，不愁没销路。

当年 5 月，温州被列为 14 个沿海开放城市之一。此时正是创业的最好时机，虽然我当时没有明确地把这一点联系起来，但心中感觉得到，经济形势很振奋人心。6 月 8 日，我和亲戚及跑供销时认识的朋友 9 人签订了《合作经营企业协议书》，准备投资办厂。同年 7 月，德力西的前身——乐清县求精开关厂正式成立，投资总额 10800 元。

1986 年，合作经营的其他伙伴将他们在乐清县求精开关厂的全部出资转让给我，同时，住我家隔壁的一位小学同学成为新的出资人，弟弟胡成国也加盟其中。开始时开关厂只有 8 位工人，生产一种叫热继电器的产品。

我们把这个厂取名为“求精开关厂”，其实当时还只是个家庭作坊而已。厂子就在柳市镇车站路29弄我的家里，建筑面积不过300平方米，三间三层的楼房。一楼西面是仓库，中间通道里放两部点焊机，后面有个洗澡房，东面后来做了实验室；二楼是装搭、包装车间；三楼一间做领导办公室，另一间后来作为职工集体宿舍。

创业初期，艰苦可想而知。那时的几个工人都还是小青年，上班可以说是连轴转，每月30天，再加班24个晚上。每天基本上都干十五六个小时，老板员工都一样，吃的是大锅饭。厂里有一个电饭锅，本来是测胶木壳耐压用的，每过一段时间，我们都要抽检产品。不测压的时候，大家就用它煮饭。但菜就没时间也没地方烧了，只能吃些豆腐乳、咸菜、榨菜，这些是袋装的，不用烧。有时从家带点烧的菜，大家欢天喜地地一起吃。电饭锅测压时，就没地方煮饭，要到外面买。那地方离街近，买个炒粉干之类的很方便，两角钱一塑料袋。吃久了也有人想吃鸡蛋炒饭，但要三角钱一袋，贵了一角，买不起。大家凑起两元钱，轮流去街上买。一般买十袋炒粉干，就足够全体员工吃了。粉干放塑料袋里，大家一起伸筷子，没有碗，省得洗碗占时间。也有人感到这样吃不方便，便拿个泡茶的小纸杯，夹一些站在一旁吃。如果有人正忙着，放不下手中的活儿，那安排好的轮流次序就打乱了，其他人就猜石头、剪刀、布，输了的人去买。偶尔也有这样的情况，谁都不想去，那只好自管自了。图方便的人就到附近的阿昌娘的小店里买个饼啃啃，甚至有人就买几把炒槐豆，咬咬也当一餐。

我的表弟包秀东，16岁初中毕业就进厂工作，担任包装组组长，把说明书折成三折，装到装有热继电器的塑料袋里。几个人一起，比赛谁装得快，秀东往往是最早装完的。一次，装好了，他抬手时手与袋子连在一块了，这时才发现手与袋子被钉书针钉在一起了，才感到疼。

厂里只有两台点焊机，一台土的，一台洋一些，24 小时不停地焊。包秀东他们轮班干。点焊的工人，十个指头烫得没一个像样的。特别是那台土的点焊机，火花很大，火星四溅，铜屑深深地钻进肉里，冒起一股青烟，随后飘来一丝肉香，工人衣服上都是洞。

## 睡地板请来工程师

当时的柳市电器厂多如牛毛，假冒伪劣成风，导致事故频发。为使自己生产的产品质量靠得住，我们把这个厂取名“求精开关厂”，其用意就是想树立“精益求精”的形象。多年跑供销的经验告诉我，质量是产品的生命，而技术是控制质量的关键。但当时我

1984 年创办的求精开关厂

们这个家庭作坊式的小厂，技术根本无从谈起，为此我到处请专家。我跑了三趟，才请到上海人民电器厂的退休工程师王中江。

那时候的温州还是个交通很闭塞的地方，到上海要坐一天一夜的轮船，为请专家我去了三次。上海电器科学研究所原来是我打算拜师求教的地方，我已打听到有位专门开发热继电器的高级工程师叫杨介琪，想请他来。

我照着上海城区地图，好不容易找到位于普陀区的上海电器科学研究所。杨工一脸惊奇地问："什么，你们也要造低压电器产品？你们有工程师吗？有实验室吗？这样的产品不是谁都可以造的。"他提出了一串问题。当时，国家没政策，杨工怕犯错误，请他来确实有难度。但事关求精开关厂的生存，我不甘心空手而回，就一而再再而三地恳求他帮忙，后来杨工只得介绍了上海人民电器厂的王中江工程师。

当时柳市名声不好，快要退休的王中江工程师也不愿来。他们夫妇都是上班族，恰巧孩子在家没人带。我灵机一动，主动要求帮他带孩子，打扫卫生，晚上住不起旅馆，就睡在王中江家里的地板上。一连好几天，我的真诚终于感动了心地善良的老工程师。

那天晚上，王工对我说："这些天，我都在看着你，小伙子，你是个干事业的人，我答应你去柳市看看。"

于是，在没有告知人民电器厂的情况下，王中江悄悄地来到了乐清柳市，成为求精开关厂的"高参"。

当时的民营企业，最缺乏的就是技术人员，王中江作为第一位专业人员来柳市，这是我们创业历程中具有里程碑意义的一步。

## 借高利贷办起实验室

在王中江工程师的帮助下，厂里生产的热继电器很快成了热销货，可质量还是没办法检测。王工对我说，数据检测不了，产品就无法把关，很多问题凭肉眼是看不出来的。要想产品真正过关，就必须搞一个实验室，这样，我们才能拿到国家生产许可证。

既然这么有用，那就办吧。我想都没想，回答很干脆。可是王工估算下来，创办一个检测实验室，需要 30 万资金。

30 万！我像被打了一记闷棍，愣了一下。当时厂里的流动资金只有 1 万元，30 万元简直是个天文数字！

家人反对，亲友不支持，大家认为投资太大，而眼前正是扩大生产的时候，不如过段时间再说。

而我已经拿定主意，就不能放弃。我耐心地说服大家："现在厂里引进了设备，设计出新产品，市场前景也很好。如果不建检测室，产品检测不了，就容易出问题，最后还是砸我们自己的牌子。只有按照国家规定设立检测室，产品质量才能把住关。"

经过反复做工作，亲友们终于被我说服了。我随即借来高利贷，与王工一起，从上海购买了最先进的试验设备。那些日子，我与技术人员没日没夜地守在检测室里，一天工作十几个小时，巨大的压力让我夜不能寐，通宵达旦地工作，整个人很快瘦了一圈。

经过一个多月的精心安装，反复调试，1986 年底，在众多褒贬不一的声音中，检测室终于建起来了。

这是我国民营企业创办的第一个热继电器检测室。检测室不仅设备先进，而且装修高档，试验人员工作时需换上雪白的工作服，

老检测室

穿上安全鞋。后来，检测室经机械工业部上海电器科学研究院验收合格通过。

## 没日没夜为认证

按当时的国家规定，产销电器产品须拿到机械工业部颁发的工业品生产许可证。认证成了求精开关厂生存的一个关卡。

认证的那段时间，不管是老板还是员工，都在厂里，白天正常生产，晚上加班加点，准备认证的资料，整天整夜没休息。

要认证，首先要使企业规范化。于是厂里设立了厂长室、技术科、质检科、生产经营科、财务科等几个部门。生产车间所有的工人，工作时都戴白帽、穿白大褂式工作服。包秀东个子矮，穿上工作服后，上下楼都得用手提着下摆，以免踩到下边的衣服摔倒，就像姑娘提着裙摆一样，大家看着他上下楼，都不由自主地笑出声。

试验室建好后，有的项目要 24 小时检测，两个人带电操作，一个人看着，一个坐着稍稍休息一下。在那个坚硬的木椅上坐一天

老生产车间

一夜，骨头都发痛，真是难受。

认证需要完整的资料，所有的产品都要有图纸，半年内所有的管理行为都要有记录。那时厂里已经有 6 个工程师，有 3 位是兼职的，星期六星期天从苏州赶到柳市来上班；另 3 位来自上海，是专职的。

高中毕业的吴品华，当时负责图纸。图纸有很多，热继电器三个框架，18—20 个规格的系列图纸，就有 200 多张，后来有 6 个产品，一个系列 10 个框架，总共有 1000 多张，图纸还要不断改进。当时，描图的也增到了 6 个人，吴品华、陈忠献，还有大学刚毕业的黄蓉蓉，我还把在县邮电局工作的小舅子黄胜洲也请了来。

那一个月，每天都要从夜里描到天亮，整整打了一个月的通宵。晚上几乎都没吃过正餐，9 点钟大家饿得都受不了时，才一起去吃炒面或粉干，算晚餐兼夜宵，一回来马上坐下继续干。实在太困了，就头靠在桌上稍稍眯一下眼。那一个月，大家都瘦了十来斤，本来只有百十斤、人很瘦的黄胜洲，由于生活不规律，缺乏运动，一下子重了6斤。

早些时候描好了图纸，要送到乐清晒图。后来，柳市有了晒图机，便在晚上送到那里晒。这差事大多是吴品华来做，地点在龙井路山坳里，晚上九十点钟，阴森森的，那时也没什么车，都要靠走路。由于太忙，不到20岁的吴品华也忘记了害怕。晒好了都要到晚上11点多，一次，晒图纸的那位女师傅好心，说这么迟了，我送送你吧。就叫吴品华坐她的自行车。吴品华抱着一大叠图纸，很难坐上，自行车翻了，那位阿姨也受了点伤。

由于质量得到了保障，求精开关厂迅速发展壮大，不久，在温州地区率先领取了机械工业部颁发的全国工业品生产许可证。当时，当地许多电器厂没有测试设备，纷纷来求精开关厂的实验室测试。当地人都说："要质量，找求精!"

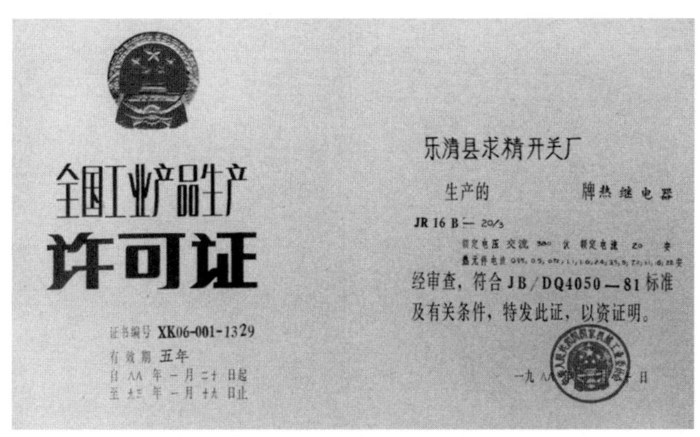

全国工业产品生产
许可证

证书编号 XK06-001-1329
有效期 五年
自八八年一月二十日起
至九三年一月十九日止

乐清县求精开关厂
生产的 牌热继电器
JR 16 B — 20/3
经审查，符合JB/DQ4050—81标准及有关条件，特发此证，以资证明。

生产许可证

求精厂的产品行销全国各地，一些厂家闻风效仿。一时间，生产类似产品的厂家极多。我没有与他们反目成仇，自己却亲领"亲善大使"之衔，到众多"对手"门上拜访，传授技术，帮助联系销售渠道。没多长时间，这些对手对我们钦佩得五体投地，纷纷加盟到我们的麾下。

1990 年，国务院办公厅下发了 29 号文件，在温州、乐清开展打击无证、假冒伪劣产品的专项行动。在这场惊心动魄的打假风暴中，求精开关厂等 4 家企业此前已领到了 7 个部颁的低压电器生产许可证，得到了政府的重点扶持，迎来了发展的黄金时期。

# 以德立企志高远

## 取名的理念火花

随着求精开关厂的迅猛发展，我与合作伙伴在经营思路上产生了分歧，于 1990 年决定将厂一分为二，我担任二厂厂长，过渡一年后，各自独立经营。我在经营二厂的同时，又创办了一家电子元件厂。我率先开展股份制改造，先后吸纳了张永、吴成文、包秀杰、林少东、黄胜洲等 8 位股东入股，壮大企业。

要想企业快速发展，就必须有雄厚的实力。那时有一位台湾商人董国武，正在大陆做生意，为人诚实，又有资金，是位理想的合作伙伴。我特意去上海找到董国武，两人一谈，相见恨晚。董先生到温州考察后，表示愿意投入 20 万美元，我投入 30 万美元，共同创办合资企业。

1991 年初冬的一个夜晚，在求精开关厂二楼，我与鼎力相助创业的“高参”王中江对坐一起，商议要给新创办的企业取个名。

“给新厂取个名，头一个字就用‘德’字吧。”我先开了个头。

我接着说，万事德为先，百行德为首，修业先修身，修身先修德。这个“德”字不论干哪一行，都要遵循啊！

“好，‘德’字好！”王中江首肯。“办企业总要有个奋斗目标。”王中江既是补充，又是提示。

我心里想，当年去上海请师傅的时候，问过王中江，那时全国最大的上海人民电器厂年产值是1000万元！而我们的求精开关厂，1990年产值就达到了1000万元。怎能停留在国内同行中做老大呢？我们的目标是要成为世界强企！当问知世界最大的电器厂家是西门子时，我果断地说：“再取个‘西’字，就是要赶超西门子！”

“对，就是要有雄心壮志，超过西门子！”王中江拍手叫好。

光这“德”和“西”还不够，得中间再加个字。我说，办企业要赚钱，要讲效益，放个“利”字吧。

“那太俗气了。”王中江接着说。

老门市部（德力西）

“力，力量的力!”我与王中江几乎同时叫了起来。我们很兴奋，两人不约而同地想到一块儿了。

1992 年的春天，一个披着红丝绸的、中外合资的“温州德力西电器有限公司”的大招牌，赫然挂在了厂房大门口!

“德力西”，好名字!当时我的雄心壮志，就是想“力超德国西门子”!

## 从宣言看境界

新组建的德力西产销两旺，更使我踌躇满志。1992 年，传来了邓小平南方谈话的精神，我深感振奋。我觉得，又一个春天到了。南方谈话是“定心丸”，给我壮了胆，就要发力大胆干。我很快贷了 400 万元，放开手脚搞投资建设。我有了信心，认为国家有政策了嘛。我马上在柳市批地，把自己的厂房建起来，同时购置设备，扩大再生产，做新的产品。

1993 年 4 月 25 日，时任机械工业部部长何光远一行来到柳市考察，参观了德力西。何部长说，非常高兴看到柳市的发展，特别是看了德力西电器有限公司后，感到柳市企业的机制很好，同样的规模，效益要比一般国有企业好。柳市不再背包袱，柳市电器事业大有希望。

受到如此高的肯定和鼓励，我激动得不知说什么才好。那几天，我陷入了沉思。我要在世人面前表达自己的声音。没多久，《德力西报》在显著位置刊登了一则《德力西宣言》。

宣言写道:

以质量求生存，以品质求发展；不满足昨天的成就，不放弃今天的努力，不停止明天的追求！

我满怀激情，通过对同行小企业进行兼并联合，很快成立了浙江德力西电器实业公司，按总厂模式进行管理。1994 年 5 月，经省有关部门批准，我们组建了浙江德力西集团公司，成为浙江省第一个省级股份合作制电器企业集团。1996 年，经国家工商行政管理局核准注册，德力西晋升为全国大型乡镇企业、全国无区域企业集团。

到 1998 年，德力西发展得越来越红火，各种荣誉接踵而来。我开始思索：如何使企业永葆青春，长盛不衰？为此，我花了几年时间，先后到北京的中央党校、上海的中欧国际工商学院、美国的加州大学进修。在不断的“充电”中，我强烈地意识到，要想打造“百年老店”，必须建设自己的企业文化。文化力，品牌力，就是软实力，就是竞争力。我沉浸在企业文化和品牌战略中，一个新的《德力西宣言》诞生了。

新的宣言写道：

这是一个英雄的时代，这是一片神奇的土地。

时空的孕育，更经市场经济风雨的洗礼，我们，一个民族企业的巨人——德力西集团得以诞生与成长，更促发我们向世人郑重宣告：

“德报人类，力创未来”，是我们永恒的理念。

我们曾同共和国一道，尴尬于生活的贫瘠，困惑于前途的迷茫。

然而，我们怀着对幸福的渴望，对光明的执着，以智慧为舵，以勤奋为桨，几度风浪，几番起落。

终于，与我亲爱的父老乡亲共同创造了东海之滨、瓯江两岸的这一片繁荣。

于是，我们的祖国、我们的人民给了我们以深切关爱与殷殷赞许，“温州模式”一时传遍神州大地。

然而，我们知道，“温州模式”不是定格的模式，温州之路未有穷期。

思及民族的重托，放眼世界之风云，我们德力西人矢志开创“温州模式”的崭新天地，树起民族企业的高大形象。

我们所追求的一切价值，就是要“让品质写出我们的尊严”！

温州人是以走出温州而开创出“温州模式”的。

而今，在新世纪到来之际——

我们德力西将走出国门，在世界经济大舞台上续写“温州模式”的新篇。

新世纪，将是以知识竞技的世纪；世界大舞台，则是企业巨人以形象对话的舞台。

“知识”，因智慧的创新得来；“形象”，则由众人心智的付出而树立。

德力西深深懂得：竞争制胜，以人为本。

因此，德力西集团以“海纳百川，让蛟龙腾飞；千舟竞发，任群英争先”为人才观；从而以集体英雄主义创出德力西更辉煌的业绩！

市场经济的海洋，潮涨潮落。

清醒的德力西人已牢牢地携起手来，同心同德构成钢铁巨舰，正迎风破浪，昂首前行。

请看茫茫大洋上，那第一艘迎接红日的巨舰，便是我们德力西英武的形象！

两个宣言，仅时隔五年，却呈现一个新的飞跃。第二个宣言中明确宣告：“德报人类，力创未来，是我们永恒的理念。”这反映出，我们德力西人的思想境界已经从一个高度跨越到新的高度。

## 第二章

# 经营之道

靡不有初，鲜克有终。做企业的人，大多都抱有“打造百年老店”的初衷，但真正能实现基业长青的，从全世界范围来看也是凤毛麟角。德力西自2002年以来一直稳居中国500强行列，我认为首先是因为踏准了时代的节拍，坚守实业报国的正道，从未偏离电气主营业务，不断获得改革开放和国家发展的时代赋能；在经营上，我们也是初心未改，从我父亲身上继承的质量、信誉、量体裁衣这三件“法宝”常用常新，成为企业三十多年来乘风破浪、穿越各种不确定性的压舱石。

# 科技创新立潮头

## 自主研发走新路

没有技术，就谈不上质量，这也是我从跑供销转向办工厂的原因之一。出于对客户的责任，当年我宁愿少赚钱也要帮人家找市面上最好的产品；但如果制造过程不经我手，仅凭肉眼观察、个人经验去挑选现成的产品，终究不是长久之计。

民间做喜事，总是让最重要的客人坐头位。对我们德力西来说，各项工作中，始终是科技坐头位，最终的目的还是为了质量。

1991 年，我们的技术人员在北京、上海等地工程师的支持下，开始了产品的技术改进、新产品试制。这些在今天看来十分简单的工作，为后来德力西探索自主研发积累了经验。

在世纪之交的 1999 年，我们迎来了德力西研发史上的一个分水岭。

1999 年 5 月，国家一纸公文公布了必须淘汰的电器产品名单。我看了之后，心中一惊。德力西的主导产品 CJ10 交流接触器也赫然在列。也就是说，德力西必须在规定的时间里停止这一产品的生产，但用什么来填补这一空缺呢?

那段时间，我烟抽得特别多，满脑子都在思考这个问题。上海电器科学研究所向全国电器企业推荐用 CJT1 系列交流接触器替代 CJ10 系列产品。CJT1 系列接触器的主触头采用新材料铜基无银电触头，客户是否愿意接受、推广起来是否有困难？

“吃现成饭”确实省心省力，但没有创新能力和创新条件，会使企业患上软骨病，永远不能自立于科技之林。最后，我们做出了一个大胆的决定：依靠自身的力量，生产具有知识产权的产品。

目标确定，立即行动。一个专门的研发小组成立了。经过半年的研究开发，一种性能比 CJ10 优良的产品问世，我们给它取名为“CDC10 系列接触器”。

CDC10 是德力西研究人员进行的首次成功尝试，它标志着德力西人在自主研究开发的道路上迈出了第一步。随后，CD7 系列产品问世，CD17 系列产品也问世了……

积跬步以至千里——如今的德力西，电气产品已覆盖高、中、低压配电电器，终端电器，控制保护电器，家居电器，仪器仪表等 7 大类别 10 万多种规格，成为中国电器之都同行中电压等级最高、品种最全的电气制造企业。

## 扎实稳健创名牌

2003 年 9 月 1 日，国家质量监督检验检疫总局、中国名牌战略推进委员会在北京表彰了“中国名牌”产品称号的企业。德力西集团塑料外壳式断路器、万能式断路器、电度表三类产品被评为“中国名牌产品”。

我应邀参加了北京的颁奖大会，并领取了奖牌和证书。

创名牌的背后，有不少故事。

低压电器触头的钎焊质量一直是令检验人员头疼的问题。过去检验触头的质量，只能凭目测或是进行破坏性检测，直接将银点从触头基座上敲下来，观察其钎焊情况。为控制这一关键部件的质量，2000 年 8 月，德力西检测中心从西安交大购买了一台 JTUIS－II 系列超声成像无损检测系统。该系统借助现代超声无损检测技术、计算机图像处理技术、数控与精密仪器技术，可广泛应用于钎焊质量的无损检测及各种金属、非金属与复合材料的无损检测，能直观地再现被测物体内部缺陷的位置、形状、尺寸等。这一新设备的添置，使德力西的检测手段更趋完善，更有利于降低不合格品率。

2003 年 5 月，德力西电器股份公司塑壳厂接到客户投诉：一台德力西牌 DZ20－225 塑料外壳式断路器，在使用过程中出现了对地击穿的事故，客户要求赔偿。我们的售后服务人员立即赶到河北的事故现场。经过检查，发现客户在安装时擅自更换了产品的进线螺丝，导致进线螺丝与安装架间隙减小，从而引起对地击穿。问题的原因找到了，客户对德力西的意见烟消云散，还为公司的周到服务表示感谢。

事故不是德力西的责任，但我们并没有把问题想得那么简单。塑壳厂针对这一现象，决定进行产品改进，在产品接线螺丝对地部位增设一块绝缘板，这样就能有效避免对地击穿，客户使用时更安全。如果需要板后接线，只需拿开绝缘板即可。一项小的改进，使每台产品增加了 0.1 元的成本，但为客户避免了损失，使用更加安全。

## 博士后科研站

2000 年 4 月 17 日，国家人事部批准德力西集团设立博士后科研工作站，这是全国同行业中首家博士后科研工作站。

半年后，工作站正式挂牌。福州大学电器专业博士、河北工业大学教授李奎进站工作。

李奎博士进站后，选定了“漏电保护器的可靠性技术研究及应用”作为研究课题。在站工作期间，他制定了关于漏电保护器可靠性考核的企业标准《剩余电流动作保护器的可靠验证试验方法》。该标准是我国电器行业第一个关于漏电保护器可靠性考核的企业标准。

当时，漏电保护器还没有行业考核标准。我们和上海电器科学研究所、河北工业大学正着手联合制定行业考核标准。专家们决定，在德力西企业标准的基础上制定行业标准。于是，李奎博士成为了该行业标准的第一起草人。

2002 年 10 月 8 日，来自国内权威机构的专家们，对李奎博士的研究成果进行了评审。大家认为，李奎的成果具有创新性，提出的成功率、失败率等级划分方法为制定漏电保护器可靠性考核提供了重要的理论依据；由企业率先制定出漏电保护器可靠性考核标准，在我国电气行业尚属首例，同意由企业标准上升为行业标准。

电不仅给人类带来了很多方便，也能给人类带来灭顶之灾。它可能烧坏电器，引起火灾，或者使人触电致命。所以在五花八门的电器接踵而来的同时，也诞生了各式各样的保护器。其中有一种是专门保护人的，这就是漏电保护器。它应用于在电路或电器绝缘受损发生对地短路时，防止人身触电和电气火灾的发生。漏电保护器行业考核标准问世，提高了产品的可靠性，意义确实十分重大。

2002 年 3 月，崔芮华博士带着“交流接触器 CAD 智能化技术应用”的课题，来到德力西博士后科研工作站，开始了两年的科研历程。

考虑到课题研究的需要，崔芮华进站之后，公司耗资 50 万元专门购买了一套美国 PTC 公司的 Pro/E 软件。当时由于国内还不能提供 PTC 公司标准化的二次开发培训，崔芮华就一遍又一遍地对照着英文说明书，边看边翻译、摸索。在她和德力西同事们的共同努力下，“交流接触器 CAD 智能化技术应用”取得了重大突破，于 2005 年 9 月 1 日通过省级鉴定。

鉴定会上，由河北工业大学、浙江大学、长征电器公司等单位的专家、教授组成的鉴定委员会一致认为，“交流接触器的 CAD 智能化技术应用”达到了国际先进水平，对企业提高交流接触器的设计质量、缩短产品的开发周期等方面，具有重大的经济效益和社会效益。

该项目于 2002 年 5 月被浙江省经贸委列入省级新产品试制试产计划，主要为德力西生产的交流接触器产品进行计算机辅助设计提供智能化软件。系统提供的标准零件库、工程图框文件和工程图模板文件，可正确地进行产品设计和推理。智能化设计系统投入运用后，德力西的接触器设计能力大大提高。技术人员在系统中输入设计要求，系统经过短时间的处理后，可提供设计参考值。运用该系统设计出的新产品具有自主知识产权，能够使自己的设计思想得到更快的落实，加速企业技术进步。

2007年8月13日，德力西博士后科研工作站第三届项目终期报告会暨科技成果鉴定会在工业园召开。刘帼巾、赵靖英博士分别主持的“接触器式继电器的可靠性技术”及“过载保护继电器的可靠性技术”两项科研成果，通过终期报告评审和成果鉴定。

本次评定委员会由浙江大学教授方攸同、河北工业大学博士生导师陆俭国、河北工业大学李奎和崔芮华博士等7名专家组成。经过充分讨论，专家组一致认为：“接触器式继电器的可靠性技术”项目制定了接触器式继电器的可靠性指标，确定了接触器式继电器的可靠性试验方法与失效判据，提出了提高可靠性的具体措施；“过载保护继电器的可靠性技术”项目首次制定了过载保护继电器的可靠性试验方法和企业标准；两项科研成果都填补了国内空白，均达到了国际先进水平。之后，专家组成员一致同意刘帼巾、赵靖英博士以优异的成绩出站。

来自西安交通大学的吴翊博士是德力西博士后科研工作站引进的第五位博士。2009年12月进站后，他针对我国低压电器产品设计技术现状，建立了低压电器的灭弧、脱扣装置、触头分断机构、电磁动力学的数学模型，并通过对通用建模分析软件进行二次开发，实现了多物理场的数值耦合求解，开发了低压电器产品综合性能分析软件平台。

在此基础上，吴翊博士又针对塑壳断路器存在的问题，对触头终压力、磁吹和气吹等方面进行了优化设计，提高了防弹跳装置的可靠性和开断性。在站期间，吴翊博士发表论文10篇，获得实用新型专利2项，申请国家发明专利2项，获得软件著作权2项，可谓硕果累累。

舒亮博士是德力西博士后科研工作站引进的第六位博士后，2014 年 12 月进站后，他针对现有永磁接触器故障带来的安全隐患，认真调研，仔细分析，确定了“交流接触器中永磁机构的关键技术研究”课题。他刻苦钻研，勇于探索，完成了永磁机构永磁吸力的分析、计算软件的开发，提出了一种带强制脱扣保险机构的永磁式接触器。这种接触器在保护机构的驱动下强制分断，从而有效解决分断问题，提高供电的可靠性、安全性。

2017 年 6 月 2 日，舒亮博士后研究工作报告会暨出站欢送会在德力西工业园举行。来自浙江大学、河北工业大学、温州大学，温州、乐清市人社局以及集团的领导、专家共 20 多人参加会议。舒亮博士以完成一项科研课题，发表科技论文 4 篇，获得 3 项国家发明专利的优异成绩顺利出站。

乐清市人力资源和社会保障局副局长张志刚高度评价了舒亮博士在站期间取得的成果，希望德力西充分发挥博士后科研工作站的作用，继续当好温州市博士后工作站的领头羊。

## 全国职工创新能手

2000 年 5 月 10 日，国家领导人到德力西视察时，正在用计算机辅助设计产品的黄蓉蓉引起了他的特别关注，称赞她“了不起、有胆识”。

1991 年 10 月，黄蓉蓉从杭州大学电子技术专业毕业后，自愿回家乡到德力西最基层的车间当技术员。她充分利用时间，啃书本、记资料、请教工程师和工人。勤于思考，是她钻研技术的好习惯。床头的电脑，桌子上的书、纸、笔，是她卧室里十几年一成不变的摆设。往往在半睡半醒之间，想出一些技术难题的解决办法，不管多晚，她都会马上起来在纸上记下，第二天详细考虑具体的可行性；一些新产品实验有了新的思路，她就在电脑中做详尽的方案，做好了才安心入睡。她说，不断学习，创新才有源头活水。

2003 年 10 月份，黄蓉蓉应邀到北京参加第 66 届世界 IEC 大会，参加会议的共有 60 多个国家的 1500 多名代表。会议期间召开的研讨会都是用英语交流的，尽管她基本上能听懂内容，可是由于口语不怎么好，无法发表自己的意见。回温州后，黄蓉蓉就报名参加了英语口语培训班。在以后的技术交流会上，她都可以用英语与其他国家的技术人员交谈。

断路器产品，分断能力是关键，但试验不理想，黄蓉蓉茶饭不香。在一次学术会议中，一篇《空气介质电弧的测试和仿真技术》的论文，激发了她的灵感。会后她与作者及技术专家进行了深入的交流，通过研究与应用，不仅解决了产品实际研发中的技术问题，“空气介质电弧的测试、仿真和调控技术研究与应用”研究成果在 2005 年获得了国家科技进步二等奖。应用这项新技术研制的万能式断路器、塑壳式断路器等，是我们提供给中国酒泉卫星发射中心地面指挥系统的重要部件，为成功助飞“神舟”立下一功。

因为表现优异，黄蓉蓉先后获得“全国职工创新能手”“浙江省职工经济技术创新标兵”等殊荣，并被聘为中国电工技术学会低压电器专业委员会委员、全国低压电器标准化技术委员会委员。

## 三获国家科技进步奖

包括黄蓉蓉所得奖项在内，德力西迄今已三次摘得国家科技进步奖，这是我们创业三十多年来最值得骄傲的科研里程碑。

2009 年 1 月 9 日，国家科学技术奖励大会在京隆重举行，德力西集团有限公司与高校合作开发研究的“智能电器理论、关键技术及系列产品开发”项目，再次获得国家科学技术进步奖二等奖。

此次获奖的研发项目是我们与西安交通大学等历时两年多时间合作完成的，生产的系列产品很快实现了产业化，投放市场后取得了良好的经济效益和社会效益。

同日，浙江省科技厅致信德力西集团，就德力西集团荣获国家科学技术进步奖二等奖，表示热烈祝贺。

德力西集团有限公司：

中共中央、国务院今天在北京隆重召开国家科学技术奖励大会，对 2008 年度国家科学技术奖获奖项目、单位和主要完成人进行表彰。你单位参与完成的“智能电器理论、关键技术及系列产品开发”成果获得国家科技进步奖二等奖。这是你们刻苦攻关、辛勤劳动的成果，凝聚了科技人员的宝贵心血。浙江省科学技术厅谨向你们致以热烈的祝贺，并对科技人员为此付出的辛勤劳动表示崇高的敬意！

科学技术是第一生产力，科技进步对经济社会发展具有重要支撑、促进作用。当前我省正处于经济转型升级关键时期，直面世界金融危机的挑战，希望你们再接再厉，刻苦钻研，求真务实，开拓创新，多出成果，出好成果，为经济转型升级和社会和谐发展做出更大贡献。

在新的起点上，德力西继续勇攀高峰。2010 年 1 月 9 日的国家科学技术奖励大会上，我们与高校合作开发研究的“过电压防护的雷电流测试关键技术及其系列测试设备”项目，第三次获得国家科学技术进步奖二等奖。

该项目提出了过电压防护的雷电流测试回路的设计方法，实现了雷电流测试回路的精确设计，解决了雷电流测试回路依靠经验设计的难题；发明了真空高能放电开关，解决了放电开关高精度、宽范围可靠触发的技术难题，实现了 I 级过电压保护器 10/350 直击雷电流测试回路的长期可靠运行，获得国家发明专利 3 项；提出实现了空气或真空 Crowbar 开关的 10/350 冲击电流系统，并设计了充电电压自动监测、工频电源相位自动跟踪、触发等雷电流测试的专用集成电路等装置，实现了雷电流测试的精确控制以及测试设备的稳定性、可靠性和安全性，该设计获国家发明专利 2 项。

借助博士后科研工作站、电气研究院、国家级企业技术中心和 CNAS 认证的国家一级实验室等平台，我们的广大科技工作者不断攻关前沿课题，为德力西的长远可持续发展构建了坚实的核心竞争力。截至 2020 年 6 月，我们拥有的有效专利总数已累计达 1202 项，其中发明专利 122 项，实用新型专利 823 项，外观设计专利 257 项。此外获得国家软件著作权 100 多项。目前，我们的科研成果仍在以每年 10% 以上的速度增长，为支撑企业高速发展提供了澎湃动力。

## 十余载航天情未了

凭借过硬的质量和口碑，德力西多年来参与了宝钢、上海世博会、青藏铁路、白云机场、巴基斯坦瓜达尔港等数不胜数的重大项目。但最长久、最激动人心的合作，还得说是我们与中国航天事业的不解情缘。

2002 年 4 月，酒泉卫星发射中心举行低压电器供应招投标，在有二十多家企业参加的竞争中，德力西以最高分中标。

当时，我们的经销商只把它当作一次普通投标。其实，中标前，基地首长已经通过各种渠道调查了国内几十家企业的资料和生产情况，对德力西也考察了几个月之久，经过各种数据的综合分析和几轮筛选，最后才通知德力西前去参加招标的。中标后，酒泉卫星发射中心的领导和专家又来到公司实地考察，有几次还是“突然袭击”，来前公司根本不知道。每次来的时候不下几十人，自称是“东风城公司”，因为德力西每年接待的各类党政、企业考察接近上千批次，我们还以为是一家普通的企业来参观的，后来才知道他们是酒泉卫星发射中心。如此先后考察了五次，整个气氛一下子变得严肃紧张起来。

我这时才完全明白，为发射“神五”提供的低压开关柜、电流表、熔断器等，主要是用于酒泉卫星发射中心的指挥系统，对产品质量的要求，并不是民用产品的 99%、99.8% 的可靠性，而是要确保万无一失。

我跟管理团队、技术团队开会说，这单业务已不是生产经营上的问题，而是需要站在政治高度来看待。火箭发射、卫星升空事关国家荣誉，如果有个万一，后果不堪设想。虽然业务数量不大，利润不高，甚至比平常的价格还低 10%—20%，但是责任重如泰山！

大家都认为，国家既然放心把任务交给我们，德力西就没有推托的理由，要为尊严而战，为荣誉而战！

2003 年 4 月，集团董事局副主席胡成国带队前往酒泉卫星发射中心，签订了基地试验任务用低压电器定点采购及特约维修中心建设协议，在酒泉建立产品检测中心和物流配送中心，与酒泉卫星发射中心建立了长期的电器供应合作伙伴关系。

接下来，是采用国际知名公司的元件还是自己研制，这又是一个重大抉择。我在反复斟酌后决定："做，就必须用自己的产品。"

我们把集团最优秀的电器专家集中起来，组成攻关班子。要求生产企业从零部件采购入手，严格控制质量；每台产品的装配、电校都由专人负责；所有产品实行三次全检，每一项工作都有十分详细的记录。

集团还与生产单位签下了"军令状"，要求企业负责人从原料采购、生产、检测等方面着手，亲自把关。每一批次的零部件除平常使用的合格证外，还必须附有生产单位法人代表亲笔签名的质量保证卡。生产班子、每道工序、每一个参与生产和检验的人，都要明确责任。比如装配工序，谁第一道、谁第二道都要一一记录；产品出厂检验，谁检验、谁复检、谁抽检，也要记录，还要质检科长和厂长签字。在准备了合格的零部件后，德力西再组织专人装配、电校产品，并对所有产品实行连续三次全检，每一项工作都建档记录。

贴在产品底部的责任跟踪卡上，原来写的是生产工人的代号，这次都要直接打上工人的名字。因此，那次运到酒泉的每台产品上，都有德力西工人的名字。开始是一份责任，神舟发射成功后，就变成了一份自豪感。

根据酒泉特殊环境的要求，技术人员要对 CDMI 塑料外壳式断路器的机械部件进行改进。由于没有先例可循，他们必须得到产品的最大机械寿命及附件特性等相关数据。按正常情况，这项试验需一至两个月。然而整个生产交货时间也只有一个月。于是四位参与攻关的技术人员，分组连续工作七个昼夜，一边操作一边记录有关技术参数，经过长达168个小时的试验，终于得出了试验结论，为产品生产提供了科学依据。试生产的产品经德力西检测中心试验合格后，才投入正式生产。

酒泉地处大漠，昼夜温差大，而常规的塑壳断路器等产品在超低温下运行，可能会因为润滑油凝固而失灵。我们的技术专家四处寻找对策，最后在上海采购到飞机专用的航空润滑油来代替普通润滑油。虽然成本增加了200多倍，但这一改进使得产品的使用范围一下子扩大到－40℃—200℃，完全可以满足酒泉基地的需要。

对德力西塑壳断路器厂来说，138台断路器的生产任务平时只需一两个人在流水线上一两天就能完成。但为酒泉卫星发射中心生产的这138台断路器，我们组织了由三十来位一线工人、技术和检验人员组成的生产队伍。为了保证每一道工序的落实，几乎是全手工装配。虽然订单上只需要138台产品，但我们实际上生产了168台，以便对每一台成品进行温升试验比较，优中选优。

2003年6月20日，我们派出由11名电器专家组成的调试组，到酒泉卫星发射中心进行产品的全性能测试。酒泉的天气让这帮南方汉子很难适应。天气干燥得受不了，11个人中有10个人常流鼻血，还有一个人的嘴巴也裂了一个个口子。温差非常大，早上干活时穿着毛衣，到了中午就脱得只剩短袖了，外面的气温在40℃以上，地面温度就更不用说了。一位专家做过试验，一个鸡蛋放在沙

在“神舟五号”垂直总装测试厂房

里，十分钟不到就熟了。由于海拔高，爬三层楼都喘气，而太阳到了晚上 10 点钟还不下山。

尽管环境恶劣，饮食也很不习惯，但德力西专家组在那里坚持了二十多天，直到圆满完成所有调试测试任务。在产品使用了半年后，我们又主动派出专家组到酒泉，不仅对设备进行全性能测试，还对那里的电工开展有关低压电器方面的培训。酒泉卫星发射中心的领导说：“从来没有一个供货商服务如此周到。”

2003 年 10 月 15 日，我应酒泉基地邀请到现场观礼“神五”发射。这一天天气很冷，我们都穿着棉大衣，感觉大地在颤抖……随着“神五”腾空而起，中国人圆了千年飞天梦，德力西也经受了一次最严格、最权威的特殊考验。

中共中央统战部为此发来贺信。信中写道：

在中国卫星第一发射场留影

> 这充分说明了非公有制企业不仅在民用产品领域大有作为，而且在高科技、高标准的特殊领域也有广阔的发展前景。民营经济对民族振兴和国家繁荣起到了日益重要的作用。

全国工商联也致电德力西，贺电中说：

> 德力西集团生产的电器产品能够为神舟五号载人飞船成功发射作贡献，这不仅是贵集团和全体员工的骄傲，也是中国民营企业的骄傲。

《人民政协报》称这是“德力西的一小步，民营企业的一大步”。德力西的低压电器和成套产品经受了神舟五号飞天的最严格考验。单对德力西一个企业而言，我们多年坚持质量标准延伸至此也许只能算一小步，但此举的意义对中国整个民营企业群体而言，却是有着非同寻常意义的一大步。

2004 年 4 月 30 日上午，酒泉卫星发射中心司令员张建启一行前来德力西集团考察。在考察时，张司令员欣然为德力西题词：

德力西——中国载人航天发射场指定名牌

2004 年春节前夕，我又收到了一封来自酒泉卫星发射中心的感谢信——

德力西领导并全体员工：

过去的一年，在你们的大力支持和积极配合下，我们圆满地完成了航天试验的低压电器保障任务，尤其是你们的产品以过硬的品质为神舟五号飞船的顺利升空提供了可靠的保证。我们依托你们的技术服务建立的低压电器检测维修中心和远程专用仓库，为基地实现试验任务用低压电器实时采购、及时维修奠定了坚实的基础，使我们在探索装备建设新路子上迈出了重要的一步。你们热忱的售后服务、无私的技术支持，解除了我们使用中的后顾之忧，并为基地培养了大量电力状态检测方面的技术人才，确保了电力设备检修工作的顺利展开，对于你们的大力支持、通力合作和辛勤工作，我们表示衷心感谢！

新的一年，新的开始，新的祝福，新的起点。展望未来，我们豪情满怀，信心倍增，干劲更足。我们殷切地希望你们在新的一年里与我们携手共进，共同为我国航天的辉煌而努力。

助飞“神五”之后，酒泉卫星发射中心在原来的基础上又向德力西采购了一批新产品，包括小型断路器、接触器等。酒泉卫星发射中心还要建立基地的检测中心，以提高所有电器产品的安全性和可靠性。

2005年7月初，饱含德力西人心血的8台定制检测设备运达酒泉卫星发射中心。随行的3位技术人员在酒泉基地进行了近一个月的安装调试，并对基地操作人员进行培训。7月27日，基地举行隆重的挂牌仪式，德力西设计、研发、安装的酒泉基地低压电器检测中心和德力西集团东风低压电器检测维修中心宣告成立。此后，凡进入酒泉卫星发射中心的低压电器产品，都要通过检测中心的检测。

**德力西董事局副主席胡成国代表德力西集团给酒泉卫星发射中心赠送纪念匾**

从此，德力西与酒泉卫星发射中心一直保持着紧密的合作关系。从“神五”到“神十一”的十多年里，我们向酒泉卫星发射中心提供的开关柜、断路器、互感器、仪器仪表等多类产品，应用于航天城的发射系统、雷达系统、试验系统、跟踪系统，以及生活供电系统。

此外，我们还在2005年为西昌卫星发射中心提供了防爆电器产品；2008年，中置柜和低压柜产品又在北斗卫星导航工程招投标活动中一举中标。

航天工程的高标准、严要求，对德力西的科研能力提升也是一个促进，在服务航天的过程中，我们收获的不仅有荣誉，还有一百六十多项高含金量的专利。产品的高质量对具体的用户是“进行时”，对生产者是“过去时”，基于这些专利成果和服务经验，我们继续探索像生产军品那样抓民品生产，把德力西的质量和服务又推升到了新的台阶，数以亿计的高技术含量产品，源源不断流向国家重大工程、亿万家庭和企业、全球六十多个国家和地区。

2020年9月16日下午，北斗卫星导航系统工程总设计师杨长风来到德力西集团上海总部考察指导，我和他就北斗系统广泛的应用领域与德力西的电气、军工业务在未来相互结合的可行性合作前景等进行了深入探讨。

我陪同杨总师一行先参观了德力西企业展馆，对德力西的发展历程、主营产业、科技研发、企业文化等情况作了全面介绍。当看到德力西集团助力“神舟”工程、“北斗”工程、“嫦娥”工程的有关介绍时，杨长风大为感慨，他表示，“北斗”系统的成功是举全国之力的结果，除了直接参与的四百多个科研单位、四十多万科研人员之外，还有很多像德力西集团这样的“幕后英雄”贡献了力量。

在随后的座谈交流中，我们向杨总师介绍了公司在模块电源、预制破片以及智能功率半导体器件及集成芯片等业务领域的发展成果和战略构想，并对相关产品与“北斗”系统结合应用的适应性及可行性征询指导意见。

杨长风表示，德力西集团“德报人类，力创未来”的企业文化令人印象深刻，产品走进千家万户，品牌历久不衰，既是为国民经济服务，也是为全国人民服务。他指出，2035年前，我国将以“北斗”系统为核心构建起覆盖空天地海、高精度安全可靠、万物互联万物智能的新时空体系，显著提升国家时空信息服务能力；目前“北斗”系统相关产业已经创造了巨大的社会效益和经济效益，“十四五”期间仍将成为国家重点发展产业，作为一种无时不在、无处不有的新型基础设施，“北斗”系统的结合应用“只受制于想象力”，军工业务涉及的制导、电气业务涉及的智能装备授时和数据采样等板块，都与“北斗”系统有着广阔的结合发展空间。

同样在2020年，我们还与航天科研院所达成了新的合作。德力西的星辰大海之梦，依然无限高远。

# 合纵连横构宏图

## 企业联合的惊奇口号

当德力西如同一辆开上高速公路的快车，出乎人们预料地迅速前行时，我并没有头脑发热，而是时刻审视着企业前进路上的每一步。

1991 年，温州德力西电器有限公司成立，“德力西”品牌正式启用，企业发展迅猛。适逢低压电器市场高速扩容，出现了供不应求的局面，新的矛盾出现了：订单像雪片一样飞来，生产能力严重不足。除此之外，我们的产品相对单一，一些订单要求的产品无法生产，只能转包给其他企业，眼巴巴地看着肥水流入外人田。资源受制的德力西面对极大的市场机遇却显得力不从心，我强烈意识到：当务之急是迅速提升企业的规模和实力！

在当时，仅凭企业本身利润的扩张方式速度过慢，只有另辟蹊径才能脱颖而出。在柳市这个全国最大的电器产销集散地，企业众多，分工细致，何不将生产不同产品的企业吸纳到德力西的旗下？经过苦思冥想，我提出了一个大胆的构想：通过“连横”，迅速壮大自己。只有这样，才能产生规模效应，凑齐产品种类，增强竞争力。我决定，以股份合作制的方式着手组建联合体，吸纳其他企业加盟，共谋发展。

如果没有联合体的话，我们自己也能做，但做的速度比较慢。市场不等你。联合时以品牌、资金参股，参股 10% 或 15%，但第一步首先不能控股，控股别人会想不通。首先参股，再逐步控股。于是，我抛出了一个口号：“谁与我搞合作，谁的利益比我大！”

就这样，我选择了一批与德力西产品不同的企业，亲自前往游说。与这些企业合作，以德力西的品牌和资金参股，让对方控股。德力西有自己的品牌，持有生产许可证，且正在铺设大规模的销售网络，我们的联合口号，对于众多势单力薄的企业，谁不动心？于是，德力西有计划地吸纳、兼并当地有实力的企业，短时间内就兼并了 20 多家当地知名的电器厂。

当年德力西与成员企业之间的合作，仅限于德力西允许成员企业在保证产品质量的前提下，有偿使用德力西商标，产品则通过德力西的销售渠道对外销售。到 1998 年，先后有 80 多家成员企业加盟德力西，这使德力西的企业规模迅速扩大，统一成员企业的商标、销售、质量管理之后，德力西的市场占有率不断提高，德力西品牌的知名度可谓声誉鹊起，成员企业也得到了很好的发展。

由于德力西品牌和销售的威力逐渐显现，加盟企业逐步转为纯生产型的企业，俨然成了德力西的一个个分厂。而德力西扮演了总厂的角色，逐步揽下了加盟企业的业务和销售。

## 合纵形成合力

随着大量加盟企业的涌入，德力西的规模急剧扩张。1994 年 5

月，我们组建了浙江德力西集团，是当时乐清市成立的首个省批企业集团。集团形成了股份合作制、公司制，以及非公有制和公有制并存的混合经济模式。规模效应大大促进了德力西的发展，当年的产值就已达到1.8亿元。

但是，松散联合体的一些“先天不足”逐渐暴露出来，成为阻碍德力西发展的一块越来越大的绊脚石。集团除品牌和销售统一外，其余各个环节仍是一盘散沙。加盟的企业参差不齐，一些企业软硬件都达不到标准，管理水平很低。各企业的内部运作各有各的体系，不管是生产还是研发都难以真正发挥集团优势。加盟企业作为独立的法人，大多只顾自己的利益，缺乏大局观念，使集团在经营和决策上难以形成合力，影响了整体效率和质量的提高。

华兴熔断器厂便是当时令我头痛的一个典型企业。当时他们生产的熔断器产品总是出现问题，由于产量大，对德力西品牌的负面影响很大。我们自己做生产，精力又顾不过来，毕竟是小产品，没有又不行，整个集团产品要齐全。这就像中医开药方，不可能到这个店买一点，到那个店买一点。中药铺里要所有的药都有，顾客就比较方便，服务也比较方便，所以不可能把他们踢出去不要。

我意识到德力西作为核心企业在集团的控制力不够，就像四肢不协调的巨人，大而不强，一举一动常不听头脑使唤，这样最终还是要跌倒。于是，我启动了对加盟企业漫长痛苦的整合，主要手段就是对成员企业由参股转为直接控股。

加盟企业对控股抵触很大，没有人甘心自己的企业被吃掉。那段时间，我把大量的时间和精力用于频繁拜访各企业老总，苦口婆心，百般解释控股的益处，说明控股是出于德力西长期利益的考虑，同样将使他们得到更高的利润。当时我说：“1 斤重的蛋糕，你吃 90%，就是 9 两。我现在蛋糕做 10 斤重了，你吃 10% 就是 1 斤，反而多了 1 两。”形象的比喻，终于使这些老总动了心。在与成员企业控股的谈判中，我们也做出了相当的让步，比如有的公司，我们占 70% 的股份是合理的，后来我们只占了 56%，我们让了一点，让他们的股份多一点。作为我们来讲，集团有发展就可以了。

时间不等人，机遇稍纵即逝。所以企业的整合要尽快顺利过渡发展，内耗的时间绝不能很长。内耗多，凝聚力就差，经营的时机也就错过了。为什么有些企业失败了，就是内耗的时间太长。

各企业老总事实上也别无选择。加盟以后，他们企业原有的品牌和渠道逐渐萎缩直至消亡，已经到了完全依附于德力西的品牌和销售网络的境地，退出德力西就意味着企业倒闭。很快，第一批共重组了 20 多家生产不同断路器的企业，在生产、质量、研发等方面统一管理，收到了很好成效，为接下来的重组做出了榜样。

但是仍有一些企业坚持不被控股，不愿放弃老板身份。为了顾全大局，我不得不作出抉择，让两三家企业退出。这几家企业没有了德力西的渠道、品牌、质量、技术和管理等方面的支持，业务一落千丈，很快就倒闭了。

## 连横销售网络布天下

改革开放之初，温州有“10 万大军”跑供销，在市场经济大潮中搏风击浪。这批从农田里洗脚上岸的农民，走在了中国从计划经济向市场经济转轨的前沿。我当时就是销售大军中的一员，德力西创业之初，便在柳市新市街、北丰路、电器总厂等处开设了门市部，吸引购销员前来购买产品，同时成为了解市场信息的窗口。

我深知，温州人开始就是以销促产打天下的，产和销总是相辅相成的。德力西当时的主要竞争对手是一些老牌的国有企业，它们在技术上和品牌上占有相当优势，但是却受机制和陈旧理念的束缚，营销环节正是这些国有企业的软肋。而遍布全国的温州批发商和零售商有着灵敏的市场触角和强大的关系网，无疑是现成的开拓全国销售网络的有利资源。从20世纪90年代开始，我便以与经销商合作的方式，着手为德力西铺设全国乃至全球销售网络。

2019年，我们的沙特合作伙伴穆哈穆德时隔25年后再次来访，他是我们众多海外代理商的一个代表。25年前，那时正值壮年的他随父亲在世界各地做外贸生意，其中低压电器是他们重要的生意板块。一次偶然的机会，父子二人得知在中国柳市这个地方盛产低压电器。怀着巨大的期望，经过漫长的旅途，父子二人终于来到了柳市，但眼前的情景却让他们失望不已，那时的柳市遍地农田、坑洼的道路、低矮的瓦房……父子二人心想这哪里是生产低压电器的地方，这就是中国一个典型的农村嘛。但费时费力来到这里，父子俩还是决定留下来到处看看。在考察中，德力西进入了他们的视野，我们的同事热情接待了他们，并带他们参观了生产车间、质检实验室，详细介绍了德力西的发展历程、产品工艺流程和产品系列等方面的情况。父子二人喜出望外，当场决定要代理德力西的产品，希望把德力西的产品卖到中东甚至世界各地去。

回到沙特后，穆哈穆德拿着德力西的产品就到处推销，由于产品质量过硬，很快就在当地有了一定的市场，得到了广大客户的认可。随着时间的推移，穆哈穆德的生意也越做越大。平时忙于各地生意，他来中国的时间也越来越少，甚至从那次来柳市之后就再也没有来过了。但每年看到我们把德力西新产品寄到他办公室时，他都会把这些样品当宝贝一样端详。这次我们听说他有意故地重游，便发出了热情的邀请，柳市和德力西都今非昔比了，在参观完我们的智能工厂后，他心潮澎湃，在题词板上用英文写上了“伟大的公司，伟大的员工”一行大字。

时至今日，我们已拥有1000多家一级代理商、6万多家线下门店、多个线上销售平台和合作伙伴、17个国内物流中心以及数十个运输合作伙伴、2个国际物流中心和在东南亚、拉丁美洲、中东和非洲的四大业务合作伙伴。其中很多伙伴，就跟穆哈穆德一样和我们保持了几十年的友好合作关系，德力西能有今天的发展面貌，跟他们风雨同舟的支持是密不可分的。特别是2020年新冠肺炎疫情发生后，我们的销售业绩在第二季度就实现了转正增长，海外销售还逆势实现了大幅增长，我们的代理商都出了大力。

直到现在，每年的经销商大会还是德力西的重头戏之一，我都会亲自出席，跟这些老友新朋谈谈心、鼓鼓劲。虽然大众消费品已经全面进入网购时代，但是电器产品还是有其专业性和特殊性，代理经销模式目前看来仍将是我们的销售主渠道。这个庞大而关系紧密的销售体系，是我们这三十多年来用心打造的利益共同体，也是德力西最重要的“竞争护城河”之一。

# “狼羊”竞合缔姻缘

## 狼爱上了羊

德力西与施耐德曾经是商战中的对手。2000 年，我们在法国展销电器产品时，施耐德曾在专利方面针对德力西发起了一场法律诉讼，并通过法国的法院把德力西的产品样本封掉。正所谓“不打不相识”，这场官司使德力西结识了世界上低压电器最强的企业施耐德。

施耐德自 1836 年成立以来，一直是法国的工业先锋之一，拥有悠久的历史和强大的实力。公司旗下拥有梅兰日兰、美商实快电力和 TE 电器等多个国际领导品牌，在世界电气领域有着举足轻重的地位。施耐德是全球的低压电器产品领军者，2019 年公司营收 272 亿欧元，在一百多个国家拥有超过 16 万名员工。

德力西一直在产品经营上精耕细作，产品品质、自主创新、质量管理、文化建设、履行社会责任等方面都获得了几乎是所有中国制造企业的最高荣誉。在成为中国电气制造的龙头企业之后，德力西又把建立跨国企业作为自己的战略目标。虽然德力西曾经连续九年出口额在全国同行中排名第一，但同期在国际市场上所占份额却很小。当时施耐德公司全球电气年销售额1700亿元，而中国全国电气行业的年销售额还不如一个企业。与他们相比，差距太大了。

有一句经典老话说，商场如战场。商业竞争的对手就是敌人，而对待敌人的办法那就是把它打败。但我认为，对抗性地争抢一块蛋糕，是低层次的竞争。互相搏击的竞争对手，也可以切磋互助，合作共赢，一起做大一块蛋糕，官司便和解了。2005年3月开始，施耐德电气与德力西就合资合作事宜进行接洽。

为了让集团高层开阔眼界，增强对世界强企的感性认识，2005年4月，我特意组织集团高层参观欧洲的电气企业，位于法国巴黎西北集镇上的一个施耐德生产企业成为这次考察的重点。

该企业是施耐德公司工业控制电器全自动化生产的十家子公司之一，厂房建于1976年，貌不惊人的一片旧房子，面积仅有13000平方米，不到德力西柳市工业园的十分之一；员工只有385人，但生产产品规格达5500多种，自动化生产程度非常之高。最奇特的是，整个生产线可以在相同时间生产不同规格和批次的产品，然后分别检测和包装。一个很大的车间，只见一条条流水线在运转，产品像潮水一样源源不断地涌出来，全部过程都不用人干预和监督，出现故障时会自动发出信息，值班维修工程师及时来处理就可以了。先进程度让人口瞪目呆，这就是世界巨头！

在未开始座谈前，我在外面抽了支烟，回想我们的国际化战略。我心中深深感到，中国民营企业要想超越经过百年历练的跨国巨头，真不是一件简单的事，得拼命赶，而且一般的办法还不行。按照我们自己的技术、人力和财力，一时较难赶上，就像我们步行他们开车一样，越赶差距可能会越大。最好是采用一些合资合作、借梯登天的办法。德力西集团在全球市场的占有率还是不高，还要在更大范围内和更高程度上参与经济全球化变革。施耐德是世界500强企业，是低压电器全球最强的一个企业，德力西主要生产低压电器产品，施耐德的主营业务、核心业务也是低压电器，这和集团的发展战略相吻合，也和柳市现有产业情况很相似。德力西与施耐德合资合作，优势互补，必然带来双赢。

比如德力西的网络，在国内很有优势，成本也很小，施耐德会利用这一契机把全球那些生产成本比较高的地区的产品，转移到我们的生产范围。

施耐德的全球网络比我们健全，德力西充分利用他们的全球网络和先进的管理经验和技术，提升品牌，加快国际化的步伐。

一支烟吸完了，我看看周围，没有扔烟头的地方，就用烟壳把火熄灭、包好，暂放裤袋里。想不到这个不经意的动作被施耐德的人发现了，对此很有好感。他们说，我们看到您这个细节，很愿意与您的企业合作。

当然，施耐德有它全局性的考虑，深入中国市场，是它的战略发展目标。德力西的产品好用，在性能上已经完全可以满足要求，在随便一个机电市场都可以买到；它便宜，便宜到只有施耐德同款产品价格的三分之一；它深受中国人喜欢，与其他品牌比起来，德力西是本土名牌，同时也是高性价比的象征。正是清楚德力西的这些优势，施耐德抛出了橄榄枝。

中国有首歌叫“狼爱上羊”，它寓意深刻，耐人寻味，颇具新意。我在德力西与施耐德合资成立德力西电气公司时，演唱了这首歌。后来，我在中央电视台财经频道《对话》栏目接受访谈时，再次唱了这首歌。当时，不少人担心我此举是“引狼入室”，会“羊入虎口”。在他们看来，施耐德是世界500强，而德力西是中国500强，二者相比，施耐德电气是头狼，德力西只是只羊。但时任施耐德电气集团亚太区总裁施瑞修后来说，这个比喻应该反过来，我们才是羊，而德力西才是一只狼。因为跨国公司投资中国，他们觉得自己仿佛是进入狼群里一样，认为自己是羊。不管是不是客气话，但至少表达了和谐相处求发展的愿望。就这样，双方怀着忐忑的心情，都在担心被对方吃掉的情况下开始了一轮又一轮的谈判。

## 艰难的“恋爱”

事后有人把这场合资比喻成谈恋爱。这个比喻形象地说明了当时的情形，只有双方你情我愿，恋爱关系才建立得起来。不过，要想真正开花结果，还有许多等待克服的东西。

施耐德中国和德力西的这场恋爱，一开始并不顺利。

双方开始合资谈判的消息一经传出，就像是在国内商业界抛出了重磅炸弹，立即引发了热议。支持者不少，质疑之声也四起。由于德力西是民营企业，施耐德中国又有着法资企业身份，国内媒体界的不安情绪很快转变成了对德力西可能被并购的担心。客观地说，那几年中外合资的失败案例确实有不少，很多响当当的民族品牌在合资后被“雪藏”乃至渐渐消失，民族产业用市场换技术的初衷往往未能实现。很多人担心德力西也会重蹈覆辙。

当时，施耐德被媒体形容成一个“闯到家门口的野蛮人”“民族企业的侵吞者”；而德力西也成了出卖民族工业的罪人。

其实，要说对“德力西”的感情，没有人会比我更深，社会所担心的问题我何尝不知道。只是在当时那个当口，多说无益，我选择了沉默，埋头干着我想干的事情，相信时间自会证明一切。双方在谈判桌上所讨论的问题，才是当务之急。

我自己与时任施耐德董事局主席拉赫曼洽谈过二十次，与时任施耐德电气亚太区总裁施瑞修谈了一百一十多次，累计有一千多个小时，经常谈到天亮。施瑞修后来感慨地说，那段时间跟老婆在一起的时间还没有跟我谈判的时间多。

由于中西方商业文化的差异，谈判的交锋点有很多。在中国人的商业文化里，两个要合作的人，那总是要有一段“蜜月期”；但作为一家拥有法国血统的现代西方企业，施耐德的想法却是，合同里一定要讲清楚最糟糕的情况。西式合同里细节很多，协议跨度30年，他就尽量把30年所有可能发生的事情都写上去，其烦琐程度已经到了近乎折腾的地步，抠字眼抠到了登峰造极的地步。对于这种细致又不厌其烦的谈判，施耐德负责市场部分的谈判代表有个形象的比喻，他说：“这就像两个人要结婚，婚后有可能因为各种问题要打架。所以要写得非常清楚。未来凡是有可能有争议的事情，在恋爱阶段都要谈清楚，找到一个解决的办法，所以，合同务必要做到严谨。”

这是一场非常特别的谈判，谈判的双方有着非常大的差异。无论是商业文化还是谈判队伍的授权都很不一样，这种情形，有点像两个国家的人在用第三种语言交谈，明明说的是一件事，可是总是无法说到对方的心里去。谈判的时间因此被拉得非常之长，而谈判者所承受的压力也非常之大。

有一次，谈判组讨论资产盘点时的一个审计条款，从晚饭之后就开始谈。因为涉及的资产太多，无论如何都谈不拢，等到好不容易谈妥，大家发现天都亮了，一看表，已经是凌晨四点钟了。

2005 年 5 月 20 日，施瑞修与我们一位高管在上海交换意见，谈到一些股东想缩小合资产品的范围时，施瑞修拍了桌子。还有一次涉及股权比例的谈判，谁都不肯让对方拿 51%，不肯让对方控股，但两边各拿 50% 股份，万一出现僵局怎么办？谈来谈去，谁也不肯让步。那次，施瑞修也生气了，站起来把椅子一推就走出去了。过后，他冷静下来，向我们道了歉。

差不多每两三天，就会有一辆车从谈判地上海回到温州。车上装的是打印出来的谈判条款。双方谈好的事，凡是涉及牵扯股东利益的，事无巨细都要由股东一个个来认可，同意之后再回来继续进行。

谈判过程很长、很艰苦，从第一次接触的 2005 年 4 月到签定协议，经历了 20 个月的时间。双方都付了上千万元的律师费，签下的协议叠起来有一人多高。2006 年 11 月，这场持续了近两年的谈判最终尘埃落定。文本很多，一个框架协议，几十个附件，光是打印就打了两天，定稿六大本。四个人盖章，盖了一整天。

一辆依维柯拉着整整一车的合同文件交由双方签字。那一天，我们的谈判代表终于松了一口气——这一车文件虽然还要一份份签下来，但双方的谈判终于有了成果。呼之欲出的新企业，也因为有了这些文件里的条款作保障，前途变得光明起来。

2006 年 12 月 16 日，合资协议签订的前一夜，在柳市举行签约仪式的消息已经公布，一切都准备妥当，庆祝酒会的请柬已经发出，各路宾客第二天也要到了。这时施耐德方居然说还有一个合同条款没有细谈，深夜 12 点多还有条款没定下来，谈判陷入僵局。我们的谈判组组长，一年半以来积累的压力，在这一刻爆发了，拿起一个杯子，向桌面砸了下去。

还好，施耐德方也能理解，经请示后修改了方案，在文字上做了调整，避免了最后翻车。凌晨 5 点 20 分，框架协议终于最后确定。

施瑞修当时在新加坡，一早打电话问谈判代表朱海，要不要乘飞机来中国出席签字协议？这时，谈判刚刚尘埃落定。朱海说，冲突解决了，你来没问题。

在漫长的谈判过程中，尽管时有争执，我还是感觉到两国的文化共同点是比较多的。法国是西方最早承认新中国的国家，跟中国一直比较友好。一次拉赫曼来德力西考察时，给我送了一张小平同志当时工作卡的复印件。我回赠了北京书法家协会副主席兼秘书长田伯平书写的《航天颂》对联："浩气壮山河祖国神箭穿八极，奇功辉宇宙华夏儿女跃五星"。神舟一跃飞天，是中国人民的骄傲，也是德力西的自豪。田伯平的一幅《航天颂》书法作品，曾于 2005 年 10 月 12 日随"神六"遨游太空，经过 115 个小时运行后返回。拉赫曼非常高兴地说："这个礼物很特别，它代表的不仅是德力西人的心意，还代表了中国人民的心意。"

2006 年 12 月 17 日，德力西集团与施耐德电气公司签署合资合作协议。这一天，德力西集团柳市工业园里彩旗招展，鲜花簇拥。我和拉赫曼共同开启香槟，浇在由玻璃杯层叠起来的香槟塔台上，杯中的香槟不停涌起珍珠般的气泡，象征着双方情真意切的友谊，预示双方并肩前进，节节高升！

2007 年 11 月 16 日，经商务部批准，中法合资德力西电气有限公司正式挂牌，公司总投资额为 18 亿元人民币，是浙江省当时最大的“民外合璧”项目。

德力西与施耐德的股权是 50% 对 50%，体现了公平的原则；董事长的职务由我担任，总裁由施耐德委派，体现了扬长避短的原则；合资公司用德力西冠名，产品使用 DELIXI 商标，体现了保留民族品牌的原则。

庆祝晚会上，德力西与施耐德的高管混合编队，做一个“同舟共济”的游戏。队员们双脚系在长木板上，动作和谐一致才能前进。随着主持人“开始”的声音刚落，两队犹如齐发的双箭快速向前冲去，整齐一致的步伐，铿锵有力的号声，几秒后，两队同时到达了终点。此时，掌声如雷。我与新任施耐德电气董事局主席兼首席执行官的赵国华紧紧拥抱在一起，双方以澎湃的激情，迎接新一轮的征程。

与施耐德电气集团董事局主席兼首席执行官赵国华合影留念

## 合资公司“三把火”

合资公司正式成立的揭牌仪式上，我在致辞中提出了“尊重、坦诚、创新、和谐”八字方针。尊重，就是中法双方人员，要互相尊重，尊重对方的人格、认同双方的文化。坦诚，就是开诚布公，以友好的态度，开放和透明的方式，沟通交流，加深理解，以求共识。创新，就是创造中法双方都能认可的工作机制，使产品、技术、管理尽快与国际接轨。和谐，就是创造企业与社会之间、企业与企业之间、企业与职工之间的和谐关系。董事会商讨决定重大战略性问题，而日常的经营事务则由施耐德委派的总裁负责。我定下合作的基调，合资公司从一成立，就实行两权分离，将管理权与经营权分开。

公司的第一任总裁就是参与谈判的朱海。与戴着一副眼镜、温文尔雅的外貌不同，朱海这个人的内心世界就像钢铁战士一样“铁腕无情”，一上任就放了三把火，直接对民营企业人情文化发起了挑战。

第一把火，内部人事的清理整顿。德力西发展壮大之后，当年一起打天下的亲戚朋友，有不少还担任着重要部门的领导职务，这是典型的家族企业。总裁所做的第一件事，公司发的第一号总裁令，主要内容为：以下情况的人员聘用必须得到相关领导的批准，第一，应聘人员是德力西电气有限公司员工、股东或者关联人员的亲属，必须得到公司总裁朱海的批准之后，方可任用。第二，应聘人员是德力西集团的股东、员工或者关联人员的亲属，需得到公司董事长胡成中的批准，方可考虑录用。根据一号文件，第一波就要把280位中高层管理人员退出新企业，这其中包括我的舅舅、舅妈。

这些人在德力西工作了二十几年，如今一下子离开公司，无论如何都想不通。我成了这种不满情绪的发泄口，许多人跑到我家里去讨要说法。几乎每天都有人来说情，但发现我总是不在家。从理智上讲，朱海所瞄准的这些弊病，也是我思考多年，想解决但一直未能放开手脚去做的事情。就像医生一般不会给亲友做手术，而会托付给值得信赖的同事一样，我也把充分的信任给予了朱海。

合资既是发展的转折，也是管理模式的变革，德力西必须经历这样的“阵痛”，才能真正走向国际化大企业。

在管理人员“瘦身”的同时，新公司面向社会招聘新员工，招进了100多名大学生和数千名一线工人。通过结构改革，提高了管理水平，降低了管理成本。

当然，改造一个企业，最佳的手段不是裁人，而是把员工变成新企业的一分子。新公司另一个改革动作，就是要尽快帮助老德力西人找到适应的工作方式。这其实是公司合资中最关键的奥秘。纵观国内企业的合资，往往只是资本与技术、人力或是品牌的结合，因此作为企业里最重要要素的人，在心灵上却未必能够结合到一块儿。所以合资企业里常常有分帮结派、彼此不能共事的情况发生。因为从工作习惯、办事风格和管理手段上来说，双方可能是完全不同的。而在德力西电气，这样的鸿沟却被弭平了。合资一个月就完成了定岗、定编、定员三定工作。

第二把火，清理供应商。德力西集团每年的零部件采购金额达到数十亿元，约占总制造成本的70%以上。这是电器产品质量的源头，也是以次充好等腐败现象的高发环节，因为很多供应商都是股东的亲友和熟人，多年来建立了非常密切的关系。合资公司推出绿色供应商管理审核标准，根据标准把 500 个供应商减掉了 200 个，确定了 28 家为 A 级供应商，也被称为绿色供应商。供应商体系奠定了产品质量的基石。当德力西电气完成了对供应商的培养与工艺提升之后，这些供应商又转过来对这种变化交口称赞。这些供应商在为德力西提供产品的同时，也在为电气行业的其他企业供货，这样就提升了乐清电器零部件生产企业的整体水平。

2009 年年初，德力西电气为应对金融危机的影响，给经销商发放适量的补助资金。可是，这笔钱通过开户的某银行竟然两天内都没有发放。通过了解，原来是这家银行把这笔钱挪用了两天。为此，电气公司当即采取果断措施，将这笔钱转到另一家银行汇款。原来的银行来求情，他们坚决不同意。为了企业的利益，人情关系在合资公司再也行不通了。

第三把火，实行数字化管理。就是上 ERP 系统，全部管理活动要跟流程，用制度说话。一般上 ERP 系统至少要有一年的磨合期，我们决定只用 6 个月。当时一下子就上了五个模块，营销、物流、生产、财务、采购这五个模板。对于推行而言，最大的难点倒还不在内部，而是那些被迫适应新方式的分销商。

电气公司的团队夜以继日地工作，不断调整系统，还是出现供不了货的尴尬局面。在上线的第一个月里，所有的提货基本停止，差不多是“休克疗法”。分销商们骂声不断，有的干脆跑到公司，闯到总裁办公室，齐声质问为什么无法下单订货。激烈者干脆表示，从此另起炉灶，不再替德力西卖产品了。还有人向我告状。那个月，大约跑了四五千万生意。

幸好业务拥堵引起的混乱很快解决了，几个月之后，ERP 系统正常运用。

在这样全新的业务模式下，德力西电气的销售、回款很快实现了规范。公司的财务状况很快维持在理想的状态中，此后每年的现金流甚至可以实现直接分红。

自此全部管理活动跟流程，均用制度说话，创造了一个新的质量管理模式。每一天，来自系统的数字就像对人体做一次全面检查一样。哪里出问题，如何掌控，都一目了然。

严格的流程控制确保了管理的质量。我们出口到俄罗斯的小型断路器，在 -20℃到 -30℃环境下储存，会造成一些塑料变脆，容易产生断裂。公司质量管理部门认为产品质量是没问题的，产品的标准要求是 -5℃到 40℃，因此没有及时制止。管理系统发现问题后，在那个环节马上停止生产，整个系列产品全部退回后销毁，所有相关人员都扣发了奖金。

## 差异与变化

由施耐德为德力西电气带来的变化，体现在生产上。

在施耐德中国的工厂里，生产是以工作小组的形式进行的。在一个 U 形的工作台里，七八个工人组成一个小组，共同完成一个产品的组装。有一个负责物料供应的工人开着电瓶车，按照生产计划把物料运到每一个工作台的旁边，按种类放在规定的架子上，供生产者随时取用。实践证明，这种工作方式要比流水线快得多。在推行了新的生产方式后，生产效率提高了很多。

在德力西电气的厂区里，尽公司所能地搞好员工的福利，已经成为了一条必须遵守的原则。比如说，许多员工是双职工，一到七八月份，放了暑假的孩子就成为困扰，公司为此专门设立了培训班，为孩子们提供免费的阅读室、益智课程和饮食。

中国的民营企业，大部分是依靠血缘、亲缘、地缘的“三缘”文化，凝聚起最原始的创业力量，它们的发展不可避免地带有人情化、家族化的影子，所以发展会遇到瓶颈。德力西通过牵手施耐德，使公司成功“瘦身”并且穿上“数字化跑鞋”。中国民企与世界强企，从竞争到竞合，虽只一字之变，收效却是差之千里。

在德力西电气纪念合资十周年大会上致辞

合资十多年来，德力西电气的营收增长了四倍，2019 年纳税七亿多，并且仍然保持着旺盛的高速发展势头。

现在让双方最欣慰的是，当初签的那么多文本，之后就再也没看过了，董事会决策也从未出现因为股权各半而导致僵局的情况。这说明德力西与施耐德相处很和谐，双方坦诚沟通、互相信任、优势互补，实现了双赢。我本人和赵国华、朱海以及历任德力西电气总裁也都成为了很好的朋友，归根到底，我们都是为了企业更好的发展，根本利益是一致的。

从竞争到竞合，是传统观念的大转变，是发展模式的大创新。商场中有战争与和平，企业之间有竞争与合作。竞争不是目的，发展才是硬道理，与其拼个你死我活，当然不如合作共赢。中国企业与进入中国市场的世界强企，也可以优势互补，互惠互利，共同做大蛋糕。德力西与施耐德曾经是竞争对手，优秀的竞争者也就是理想的合作者，在“与狼共舞”中，羊会变得和狼一样健壮！

# 青蓝相继谱新篇

## 低调的“交接班”

2018 年 7 月，德力西集团正式发文，我卸下担任了二十多年的总裁职务，专任集团董事局主席，胡煜鐄接任总裁（CEO）。由于此前胡煜鐄已经担任集团首席运营官（COO）一年多，集团内部对这次接任并不意外，我们也没有举办什么仪式，外部媒体直到第二年才从我们的企业新闻稿里捕捉到这一信息。

胡煜鐄出生在我创办求精开关厂那一年，因为创业奔忙，我能够陪伴和照料他的时间很少。那时候，温州地区很多创业家庭都面临类似的情况，大家一心扑在事业上，又怕耽误孩子成长，于是流行把孩子送到上海的家庭寄养，享受比温州更好的教育资源。于是从幼儿园阶段开始，胡煜鐄就被寄养在上海家庭，从宋庆龄幼儿园一直读到华师大二附中，每年只有放假的时间才能和我们团聚。寄养的家庭是我们精心挑选的，并不富裕，但是书香门第，给胡煜鐄提供了很好的成长氛围。

长期不在父母身边、没有人骄纵的生活，也培养了他待人谦和、低调稳重、自主坚毅、善思善为的性格。

高中后半段，胡煜鐄是在英国度过的。我并没有给他提供超过普通留学生的生活条件，他自己靠在快餐店打工挣的钱买了辆二手雅阁。我们去英国看他的时候，他兴冲冲开车到机场来接，我坐上去一看，是个连气囊都没有的老爷车，不禁替他捏了一把汗。

即便这样，我也没有提给他买辆新车，他也没有向我要过。直到后来，考上利兹大学的时候，他靠倒腾义乌小商品赚的钱，换了辆二手宝马。这就是我们温州人的性格！

有一年放假回国的时候，他突然问我，创业这么多年了，钱也赚够了，为什么还要这么忙、这么累？我跟他说，以前创业的时候，确实有让家人亲朋过上好日子的愿望，但企业发展到这个阶段，已经不是家里的事了；公司有两万员工，外面还有几千家供应商、几万家经销商，集团发展的好坏，关联到几十万、几百万家庭的生计，我们只能往前跑，不能停下来。

我想，这些话他一定是听进去了。所以他回国之后，虽然也尝试过网游、私募之类年轻人喜欢的创业方向，但最终还是选择了回归德力西，跟我一起继续从事看上去没那么时髦的制造业。从后来中国经济环境的演变来看，这个选择无疑是正确的。在国民经济增长从主要依靠要素投入转向创新驱动，从高速增长转向高质量增长的过程中，国家对制造业的重视程度，社会对制造业的再认识，都是不断强化的。这也为我们坚定信心扎根实业，父子接力推动制造业的转型升级，创造了更好的大环境。

## 接力中国“智”造

进入德力西工作以后，胡煜鐄先是在上海德力西担任总裁助理，后来去杭州德力西当了两年多的总裁，管理一千多人。在杭州期间，他从前端的供应链、生产制造，到工厂管理、品牌推广，再到渠道管理、后台维护乃至客服，整个体系都经历了一遍，对制造型企业的管理和发展有了更深入的认识，带领的公司业绩每年差不多有 20% 的增长。

回集团总部后，他先在总部一个部门当副总，之后担任副总裁、COO，可以说是一步一个脚印。按照我原来的设想，他可以再历练个三五年再接总裁。但是时势不由人，这几年国际国内形势波动都比较大，不确定因素增多，很多发展势头迅猛的民营企业纷纷遭遇困境。

我一直认为，游泳池里练不出“航海家”。真正的企业家一定要在大江大海里搏击过风浪、呛过水的经历里磨炼出来。所以我决定提前让胡煜鐄站上一线，直面企业转型升级、应对内外复杂环境的挑战，在真刀真枪的实战环境里，形成自己的战术思维和战略眼光，想清楚企业下一个三十年怎么走的问题。

我知道这副担子的分量，也相信他能挑起来。过去三十多年，借助改革开放的时代红利，德力西就像一列高速运行的列车，随着中国经济增速放缓和转型压力加大，德力西也势必迎来坡度更陡的新路段。胡煜鐄领衔管理团队所要做的，一是保持列车不降速、不掉队，二是在运行的过程中优化线路、更换零件甚至调整动力总成，让列车具备更持久的高速运行能力。

在“交接班”以后，我作为集团董事局主席，主抓“走对路”——重大战略决策，“用好人”——重要人事安排，“稳底盘”——巩固扩大境内外市场。

胡煜鐄作为集团总裁，除了处理集团日常经营管理的庞杂事务，还集中精力做了几项重要工作。

一是管理重塑。一直以来，德力西都是一家业务驱动为主的企业，为了讲求效率、发展业务、抢占市场，很多管理上的设计不免流于粗放，集团总部与下属企业之间、下属企业与下属企业之间的协同配合、权责关系也不尽合理。通俗地讲，就是集团的“个子”已经长得很大，原先的“旧衣服”有些嫌小了。新总裁上任以后，主持新增及修订了六十多项管理制度和标准，确立了集团现代化管理的基本框架。同时，针对下属企业的特性和发展阶段，量身定制了战略管控、业务管控、操作管控三类不同的管理模式，分别以管理手册的形式明确授权和流程，做到了“有抓有放”的动态平衡。

企业能做大，关键在制度，这决定了企业的核心竞争力，关系到企业是否能留住人才、吸引人才。有竞争力的企业不怕竞争，以市场经济为主体的企业正是需要竞争来实现优胜劣汰。为什么很多企业会倒闭，而我们的企业走了几十年呢？因为我们在不断地与时俱进，制度和产品都不断地创新。

二是战略调整。在以往的多元化发展探索中，德力西也因缘际会进入过一些与主业关联性、协同性不强的产业，随着集团整体的快速发展，部分边缘产业逐步暴露出对集团的资源占用和产出贡献不对等的问题。在胡煜鐄的推动下，集团明确了“同心多元”的发展路线，把聚焦主业、聚焦高端制造作为核心主轴，不能向主轴靠拢和发挥协同作用的业务都要删繁就简，目的就是提升集团整体的抗风险能力和可持续发展能力。这几年，集团旗下原先的上市公司广东甘化已经成功实现了向军工业务的战略转型，并经证监会批准更名为“甘化科工”，还顺利进军半导体芯片领域。另一家上市公司德新交运也在搭建双主业发展格局，现已成功切入锂电池产业上游的精密模具和相关装备领域。

三是产业升级。世纪之初，我曾经带高管团队赴欧洲考察，对金钟穆勒、施耐德等企业高度自动化、智能化的生产线羡慕不已。当然我始终觉得企业的管理也好、生产方式也好，必须要和自己的发展阶段相匹配，不能盲目追赶潮流，所以我们的自动化进程是“逐步推进、小步快跑”型的。特别是近几年，胡煜鐄率领的管理层把集团电气主业的智能化升级作为巩固集团核心竞争力和可持续发展能力的头号工程，投入巨大，效果显著。今天我们拥有的自动化生产设备已经超过3000台，数控装备占比达45%；我们智能工厂的工业机器人密度已达每千人80台，整体自动化率超50%以上，部分生产线自动化率约达到90%，原先上千人的车间，现在只要30多人，领先于电气行业全球自动化生产水平。

新冠肺炎疫情早期，我们有的制造基地三分之二的员工在外地无法及时返岗，我们就把三分之一的本地员工重新编组、突击培训，很快就基本恢复了产能。“智能制造”通过这次意外考验彰显了独特的抗风险作用。

担任总裁以来，胡煜鐄在管理企业的同时也不断完善自身，包括参加了中央统战部和清华大学定制的新时代民营企业家培养计划。他原来接受的是西方的教育，西方当然有很多市场化的产物值得我们学习，但我们的发展不能完全复制西方。我认为立足中国、吸收西方先进的理念，要做到两点：第一要有业务水平，第二要接地气。中国本身的内需市场很大，双循环格局下中国企业大有可为，前提是要建立符合中国特色市场经济的企业运作模式。我觉得他这几年进步很快，成绩大家有目共睹。

## 永葆常青基因

2019 年底，胡煜鐄在代表集团管理层做年度工作报告的时候引用了一组数据，2002 年上榜世界 500 强、中国 500 强、中国民企 500 强的企业，2018 年还在榜的分别不到三分之一、四分之一、五分之一。

很多的中国企业做大之后，到底是“五百强”还是“五百大”的问题没有弄清。“五百大”的业务指标、数据指标是机械的，比如达到两千多亿的规模。这些年，身边的很多朋友，把企业做到千亿甚至万亿量级的，说倒就倒了，教训不可谓不深刻。怎样才能让企业走得更远，是近年来我和胡煜鐄一直思考、不断探讨和交流的一个核心课题。我们的企业已经走过三十多年，就像一个年届“而立”与“不惑”之间的青年，各方面积累和发展势头都处在一个比较好的状态，我们都希望德力西在这个阶段稳扎稳打、更上层楼，开成百年老店，一代代地传承下去。

企业要健康发展，首先要符合国家发展战略。国家倡导制造强国、智能制造，我们就坚定地沿着这个方向做下去，以恒心铸恒业。国家倡导有实力的企业“走出去”，是让我们抢占国际市场、吸收先进技术，不是叫你到国外收购几个大楼、发展几个马戏团之类的。我作为董事局主席，首要任务就是把牢这个大方向，确保企业在正确的跑道上运行，使企业更有竞争力和创新力。

很多企业的失败原因在于未能把控好风险，大多栽在钱权交易、行贿受贿、偷税漏税、负债太高、盲目扩张等问题上。企业是慢慢做大，不是贪大的。看着别的企业快速发展，也许心生羡慕，其实每个企业都很不易，很多人只看到鸟儿飞得很高，但不知它背后的泪水。

所以，只有安分守己，遵从国家的法律法规，符合国家的发展战略，持之以恒、心无旁骛做自己擅长的事情，才能把自己的企业做精、做强、做大，保持长盛不衰。

# 第三章

# 善念之行

回想创业历程，如果没有党和国家改革开放的好政策，没有和平稳定的发展环境，没有社会各界的大力支持，没有全体员工的共同努力，就不会有德力西今天的成绩。全体员工的共同努力是德力西创造财富的源泉。我认为，创造财富是一种社会责任，正确使用财富更是一种社会责任。因此，我们要听党的话，跟党走，发扬浙商“富不忘乡邻”的优良传统，善待员工，回馈社会，报效国家。

# 员工为本总关情

## 文明花开别样红

2020 年 9 月 3 日，新华网以《浙江民企百强放榜　德力西排名“跳级”上升》为题报道了德力西入选“2020 浙江省民营企业 100 强”榜单的消息。据报道，德力西集团有限公司在该榜单的排名由 2019 年的第 21 位一举跃升至第 17 位。

历经三十多年的艰苦创业，德力西逆风飞扬、扶摇直上，发展成中国电气行业的龙头企业之一，这与我们始终坚持物质文明与精神文明“一起抓”，两者相得益彰、相互促进是分不开的。

早在创业之初的 1989 年，德力西就成立了工会。随后的日子里，党支部、团支部、女职委、党政学校、统战部、人武部相继成立。群团组织一应俱全，各项活动有声有色，在精神文明建设中发挥着重要作用。“有作为才有地位”，德力西党组织领导群团组织主抓精神文明创建，团结带领广大员工为企业发展做出了重要贡献，也赢得了我们企业高层的重视、理解和支持。

我母亲是 20 世纪 50 年代的老党员，因此我与中国共产党有感情上的渊源。这份特殊的情感，让我对企业精神文明建设格外关注。

20 世纪 80 年代末 90 年代初，温州柳市低压电器鱼龙混杂，假冒伪劣成风。国家七部局专门组队来柳市打假。浴火重生的柳市低压电器产业面临着重塑信用体系的重任。当时，我们德力西领取了部颁生产许可证，产品质量有保障，但是要让客户信任，还得走规范化之路。我想到了成立党组织。因为，我认为将中国共产党的好传统、好经验、好做法运用到企业经营管理中来，一定能发挥不可替代的作用。1993 年 4 月 29 日，经上级党组织批准，浙江德力西电器实业公司党支部正式成立。民营企业成立党组织在当时并不多见。事实证明，我的判断是对的。德力西的党员队伍骨干多、先进多、勇挑重担多，困难面前有党员，突击攻关有党员。党员的模范带头作用得到充分发挥，成为企业发展的中坚力量。比如，有一次，在节假日期间我们接到一批海外客户急需的出口订单，就是党员干部放弃休息，带头加班加点才按时完成了生产任务。“无心插柳柳成荫”，德力西成立党组织还收到了意想不到的效果。当时，我们在企业厂牌边上挂上党支部的牌子，客户觉得你这家公司比较正规，产品质量肯定过硬。我们的业务就明显比别人多！这也更加坚定了我全力支持党组织开展工作的信心和决心。

德力西高层领导统一思想，鼎力支持党组织开展工作，德力西党组织的政治核心作用、工青妇等的思想保障作用得到了充分发挥，大家目标同向、相互促进、共同提高，带领德力西踏上了发展的“快车道”。

民营企业持续快速扩张，规模越来越大，员工越来越多，管理的难度也日益显露出来。民营企业员工来自五湖四海，整体素质参差不齐，其最初的追求目标就是经济利益，“打工者”的思想、临时栖身的心理相当普遍，同心奋斗的精神比较缺乏。企业大了，而强制性的管理、家长式的命令，是无法赢得人心的。这样的思想状态下怎么办好企业？在听取党组织的建议后，我决定一方面组织开展精神文明创建工作，由群团组织为主出面关心员工的学习、工作和生活，统一他们的思想；另一方面坚持“制度第一，董事长第二”，持续建立健全企业的经营管理制度。在党的旗帜下开展精神文明创建，民营企业有了灵魂，有了凝聚力，有了生命力。德力西根据企业发展的现实需要，逐步建立健全“集团高层指导、党委集中统一领导、群团组织大力支持、职能部门密切配合、全体员工广泛参与”的精神文明建设体系，协调推进全体员工的思想道德教育、专业技能培训、职级认定与晋升等综合素质提升工作。集团党委每年在“党建工作要点”中明确精神文明建设的指导思想、目标任务、工作要求、具体举措及要素保障等，带领群团组织统筹推进各项工作。

经过努力，德力西的精神文明建设一步步迈上新台阶，成为企业的“软实力”“金名片”。1995 年，德力西集团公司被评为“乐清市文明单位”；1998 年，被评为“温州市文明单位”；2002 年 3 月，被评为“浙江省文明单位”。2005 年 10 月 26 日，全国精神文明建设工作表彰大会在北京人民大会堂举行，德力西集团荣获“全国文明单位”称号。2020 年 11 月 20 日，全国精神文明建设表彰大会在京举行，隆重表彰第六届全国文明城市、文明村镇、文明单位，第二届全国文明校园、文明家庭和新一届未成年人思想道德建设先进典型，德力西集团再次荣膺第六届“全国文明单位”。

回顾德力西走过的成功之路，我认为，关键在于：一方面德力西人守正创新，从国家发展的热点、难点中寻找商机，持续扩张，促进新陈代谢，实现跨越式发展；另一方面崇德精业，团结带领全体员工把思想和行动统一到个人进步、企业发展、国家富强的伟大进程中来，努力打造精神文明建设的“重要窗口”，走出了一条强企报国之路。

## 同学共进赢先机

德力西是中国的民营企业，那么了解党史国情、了解中央的大针方针政策就应该是我们民营企业家办好企业的必修课。深刻领会党的思想和主张，从国家发展的大趋势中寻找市场机会，是包括我在内的德力西高层一直在思考的问题和探索的路径。与此同时，德力西集团党委肩负着引领广大职工听党的话、跟党走的政治责任。如何履行责任，发挥作用，扩大党组织在民营企业的影响力是摆在党组织书记面前的“必答题”。共同的理想与追求，让德力西的党组织与经营决策者的手紧紧握在了一起。2004 年元旦，旨在促进民营企业党组织与经营决策者同学共进的集团党委和董事局理论学习联合中心组机制在德力西建立。

十多年来，企业高层与党委班子成员结合实践、雷打不动学习，有心得有体会，有思想有行动，不仅提高了经营决策者的思想境界，开阔了视野，还提高了决策水平和社会责任感，促进了企业健康发展。响应国家西部大开发战略和落实一带一路倡议，我们德力西高层做出了投资新疆的决策。德力西新疆交通运输股份有限公司就是德力西集团布局新疆的重要成果之一。这家由国有企业改制而成的上市公司现在已发展成为以国际国内道路运输、国家二类口岸以及客运站运营为基轴，集非定线旅游、快运快递、车辆维修、冷链物流、商贸服务于一体的综合型交通运输产业集团。直面国家环境保护问题，德力西做出了投资环保产业的决策。目前，德力西在浙江乐清、河南濮阳等地建成的污水处理项目运转良好，发挥着显著的经济效益和社会效益。这也恰好契合了习近平总书记提出的“两山理论”。

2020 年全国两会闭幕当日我就赶回乐清，并且在第二天向乐清市主要领导干部、德力西全体员工传达了全国两会精神。宣讲全国两会精神，既是我作为第十三届全国人大代表肩负的一份沉甸甸的责任，也是学深悟透、做实笃行的一个过程。比如，习近平总书记在全国政协十三届三次会议经济界委员联组会上强调的“要坚持用全面、辩证、长远的眼光分析当前经济形势，努力在危机中育新机、于变局中开新局”就让我深有体会。我认为，总书记的讲话高屋建瓴、鞭辟入里，具有很强的针对性和指导性。过去一段时间，我们迎难而上，危中寻机，德力西电气在 5G 网络、新能源充电桩、大数据中心建设等新基建领域得到了广泛应用，中央电视台都做了报道。中国经济恢复活力带动德力西快速恢复生产，让我们对未来充满信心。

今后，我们将更好地发挥集团党委董事局理论学习联合中心组机制的作用，加强学习，提高修养，坚定信心听党的话、跟党走。

德力西理论联合中心组学习

## 温暖入心间

2007 年 1 月 29 日上午，德力西集团 2006 年度总结表彰大会在柳市工业园隆重举行。我在大会上向与会员工推荐了一本畅销书《竖起拇指，你是最棒的》。这本书的作者是被称为品牌金手指的弗朗斯·麦奎尔。他在书中说，一个真正伟大企业的标志，并不是它的工资和工作环境，而是它的三个精神要素：感情、态度和人际关系。我对这句话十分欣赏。我认为，老板与员工，都是公司中的工作伙伴，是同事，是朋友，除了工作关系之外，还有一种友情，一种感情。

其实这也是德力西一贯奉行的人本思想。

发生在德力西一名绕线女工身上的事，一直让我记忆犹新。

郑文艳是德力西集团一公司二厂线圈车间的一名女工。1999 年 9 月的一天，19 岁的郑文艳在工作时操作不慎，致使铁屑飞入眼中，面对可能失明的眼睛和高额的医药费，她和家人一筹莫展。

当天中午，我开着车，带着工会主席到她家探望。得知她家经济困难，我当场特批 5 万元经费，派工会主席送她到北京同仁医院医治，并且嘱咐一定要找最好的医生，把病看好，钱不够打电话回来马上汇过去。此后，我每天早晚两次打电话询问医治情况。一周之后，工会主席带着康复出院的郑文艳返回温州。郑文艳回家休养一段时间后，顺利返岗上班。如今，郑文艳已结婚生子，工作顺利，家庭幸福，生活美满，对公司充满感激之情。

在企业蓬勃发展的同时，德力西员工队伍迅速壮大，因突发事件致病致贫的现象时有发生。对此，公司起初以募捐的方式帮助困难员工。募捐的善款金额与困难员工的需求往往并不匹配。比如，无论员工遇到的难题是大还是小，如果恰巧在发工资时募捐，往往募集金额会多一点。为了解决好这一问题，我提出希望工会牵头建立帮扶困难员工的长效机制。2000 年，德力西成立员工互助互济基金会。集团董事局予以专项拨款，我们高层带头捐款，员工也纷纷参与奉献爱心。基金会每年筹款数十万元，资助困难职工解决突然遇到的生活困难。这其中还有不少让人感动的故事。

一天，二公司收到装配工王建书的一封感谢信，信里这样写道："感谢德力西在我最困难的时候送来了温暖与关怀，给了我信心去战胜困难，我为我是德力西的一名员工而感到自豪。"一字一句，真切地表达了他激动的心情。

王建书的母亲年纪较大，妻子工作不稳定，女儿又在上小学，全家人的负担差不多都落在了他一个人身上。不久前，他的父亲被查出患有皮肤癌，治疗几乎用尽了家里所有的积蓄，只能喝中药缓解病情。过年时，其他员工高高兴兴地回家探亲，而王建书夫妇却选择留下，主要是为了省一点路费好给病魔缠身的父亲买药吃。我了解到这一情况后，让工会及时给他送去慰问金，鼓励他们一家人树立战胜困难的信心和勇气。王建书十分感动，特意写了感谢信。

类似王建书这样受过德力西互助互济基金会帮助的员工不在少数。德力西的滴水之恩，激发了他们涌泉相报的奉献热情。

童昌红是西子电梯派驻乐清市柳市镇的电梯维修工，承担着德力西电器股份公司及其他西子电梯用户的电梯维护工作。2004 年 6 月 15 日晚，在给一家单位维护电梯的路上，他遭到几名不明身份的人殴打。身受重伤的童昌红无力支付数目不菲的诊疗费用。得知消息后，我让德力西电器股份公司替他联系医院，还帮他垫付了医疗费用。几位公司领导前去看望他时，还送去了补助金和滋补品，帮助他早日康复。

为了记住德力西的恩情，童昌红给孩子取名时特意选用了“德力西”中的字，并时常教育孩子说：“你们要好好学习，长大了为德力西出力。”

2001 年中秋节，德力西特地派人到杭州购买了一个 40 公斤的大月饼。在公司的中秋晚会上，我亲自切月饼分给职工。我说，德力西外地职工多，中秋节没法回家团圆，德力西就是你们的家，希望你们工作好，生活好，幸福美满！许多员工十分感动，表示要为公司的发展奉献力量。

## 为“功臣”举办寿宴

主动援手帮扶困难员工的同时，对于德力西的有功之臣我们也给予了无微不至的关怀。

赵瑞馨先生是江苏苏州人，曾任苏州一家大企业领导职务，是我国电气行业德高望重的专家。1993 年，我在美国南加州大学学习时与他相识。归国后，他婉辞了多家国际知名公司的聘请，应邀担任德力西集团高级顾问。多年来，他兢兢业业、苦干实干，为德力西的发展倾注了大量心血。我们之间也结下了深厚的友谊。

2007 年 5 月 26 日晚，德力西集团在乐清市柳市镇夏威夷大酒店三楼大厅为赵瑞馨先生举办了七十岁寿宴。公司高层领导、赵瑞馨先生的亲友共 80 多人前来向他表示祝贺。我偕夫人向他赠送了 99 朵玫瑰和黄杨木雕——老寿星。眼含热泪的赵瑞馨先生向大家深深地鞠躬，表达谢意。晚上 6 时，寿宴正式开始。我在致辞中高度评价了赵瑞馨先生为德力西发展所做的贡献。希望全体员工，学习和发扬赵瑞馨先生的品德和精神，齐心协力，为德力西的事业发展做出更大的贡献。在发表生日感言时，赵瑞馨先生说："是德力西改变了我的生命轨迹，焕发了我生命的全部光彩，无论是在工作上还是生活上，德力西一直把我当成亲人，给予我很多的关怀和帮助。在这个特别的日子里，我再说一声谢谢！"话未落声，他转过头轻拭着感动的泪水。大厅内掌声四起，大家一齐举杯，共同祝愿寿星生日快乐！

我想，我们每一名德力西人都是工作上的同事、事业上的伙伴，如同亲人一样，互相关心是应该的。

## 帮员工兑现承诺

2013 年的暑假，经过我的过问，德力西电气公司员工张华秀一家人圆了游上海的梦想。她们一家人因此对我、对德力西充满感激。具体还得从张华秀给孩子的承诺说起。

张华秀被评为德力西电气有限公司“2013 年度价值观之星”。在当年 7 月 20 日的电气公司领导力沟通大会上，她受到表彰并发表了获奖感言。她说：“承诺就是答应了的事情一定要做到，在工作中，我都能按时完成自己的任务。但遗憾的是曾经给女儿的一个承诺没有兑现，自己一直感到惭愧。那就是曾经答应女儿带她去看上海世博会，但是由于工作太忙，一直都没有兑现。女儿到现在还会经常说妈妈承诺过的事情没有做到！”说到动情处，张华秀情不自禁地流下了泪水。

出席会议的我被她的讲述感动了。我拿起了手中的话筒，当众表示：答应女儿的事情一定要实现！公司会安排她带孩子去游上海，参观世博会场馆，并且费用由公司负责。

在我的安排下，8 月 9 日，张华秀夫妇带着乔梦泽、乔泰云姐弟踏上了赴上海的旅程。一家人抵达上海后，德力西集团总部派专人陪同他们一家人参观了上海世博会的月亮船（原世博会沙特馆）、意大利中心（原世博会意大利馆）。10 日下午，他们来到德力西上海总部，参观了德力西展示体验中心。张华秀感叹总部展厅的壮观：“作为一个在德力西干了十几年的老员工，真为德力西感到骄傲！”集团行政中心总监还向他们赠送了我亲笔签名的《财富与责任》一书。8 月 11 日，一家人先后参观了位于陆家嘴的上海海洋水族馆，并在上海东方明珠旋转餐厅享用了午餐。当晚，他们还游览了黄浦江边的夜景，逛了城隍庙夜市。

四天三夜的上海行程很快就结束了。张华秀对于我帮助她梦想成真十分感激。她说：“身在德力西这个大家庭，我感到非常的自豪和幸福!”

## 国庆节的集体婚礼

德力西集团的职工来自五湖四海，不同的地域，共同的目标，使他们相知相识相亲相爱。由于平时工作繁忙，部分青年员工一再推迟婚期。2002 年，工会提议倡导婚姻新风，为公司适龄青年举办集体婚礼。我觉得这个主意出得好，立即批准。即使出差在外，我也关注着集体婚礼的筹办进程，一再打电话督促一定要办好婚礼。

这年的 10 月 1 日，举国欢度国庆之际，集团党委、工会、团委为 36 名双职工举行集体婚礼。

德力西集团党委、工会为 36 名双职工举行集体婚礼

是日下午 3 时，位于柳市最繁华地段柳青路 1 号的德力西温州总部鼓乐齐鸣，彩旗招展。一辆仿古彩车在众人的簇拥下，开出公司大门，引领着大队迎亲队伍在柳青路上缓缓前行。紧跟彩车的是鼓乐队，鼓乐手们用欢快的旋律向人们传达喜庆的声音。一对身穿唐装的金童玉女，手执大红灯笼，为新人开道。新人之后，还有民族服装表演、腰鼓队，鼓乐齐鸣，彩旗招展。112 名德力西集团工人艺术团的成员，穿着我国 56 个民族的传统服装走在队伍的两旁，

为新人新婚助兴。

工人艺术团成员穿的是我的大哥、集团副总裁胡成虎收藏的我国 56 个民族的服装。胡成虎喜欢唱歌、听歌。《爱我中华》这首歌触动了他收藏民族服装的强烈愿望。于是从 1998 年开始，他就利用出差的机会在全国各地收集当地的民族服装以及相关的资料。同时，还委托朋友或德力西设在全国的网点帮他收集。几年下来，他将全国 56 个民族的服装全部收入手中。这次，胡成虎收藏的民族服装就派上了用场。

婚礼结束后，洋溢在大家身旁的依然是温馨、甜蜜和说不完的喜悦。

参加集体婚礼的陈军、杨明久说："我们分别来自四川和湖北，平时来回不方便，这次公司举办的集体婚礼对我们来讲是一个很好的机会。我们觉得这次婚礼安排得非常好，那么多员工穿着少数民族服装更加衬托了喜庆气氛！虽然我们双方父母都没到场，但有公司领导为我们证婚，还有广大员工为我们助兴，我们感到非常荣幸，非常有纪念意义！"

人文关怀一直是德力西企业文化的重要组成部分。历年来，公司通过举办员工生日会、集体婚礼、团队拓展、老员工带薪疗养等活动，把德力西营造成了一个温馨的大家庭。

## "准妈妈专线"成为独特风景线

持续改善员工的工作生活条件，一直是德力西集团领导记挂在心的事情。集团每年都会投入大量资金用于改善食堂、宿舍、篮球场、健身房等硬件设施。与此同时，德力西在维护女职工合法权益方面出台了许多关爱女职工的“重点保护”措施。针对德力西集团生产型企业女职工人数占比较高的现实，创造性地开设了“准妈妈专线”，给予怀孕女工贴心的关怀，成为一道关爱女工的独特风景线。

2004 年，德力西股份公司小型厂有员工 1050 人，其中女性员工约 800 人，70% 处在育龄期。小型厂为减轻女职工在生理特殊时期的困难，保护其身心健康，建立了宽敞安静的孕妇休息室，室内还配置了 11 张沙发和 2 张桌子，以及图书和杂志，并安排了兼职医生。

为了更好地照顾怀孕女职工，车间主任提出为怀孕女职工专门组建一条生产流水线的想法，我听了之后，觉得这个想法非常周到，要求有关部门大力支持。2005 年 9 月，德力西“准妈妈专线”正式投入运行。我们针对“准妈妈专线”制定了一套单独的管理办法。不要求统一穿工作服，可以穿孕妇装，日产量可根据身体状况自主选择，不安排加班，不让她们干重活。如果遇到身体不适，可以向领导请假或提前下班，甚至工作中出现失误时，也可以不与普通员工一样记分处理，采取思想沟通和教育为主的方式，尽量让怀孕员工在思想上没有包袱，让她们高高兴兴上班，快快乐乐下班。

德力西“准妈妈专线”经当地媒体报道后，引起全国各大媒体的广泛关注，新华网、新浪网、中国经济网、《中国妇女报》、《浙江日报》、浙江电视台、浙江在线等纷纷转载，部分媒体在评论时称赞“德力西‘准妈妈专线’彰显人性之光”。

2017 年 3 月 8 日，中央电视台《朝闻天下》栏目以“‘准妈妈’生产专线　保护女职工权益”为题播报了德力西（芜湖）公司关注女职工特殊权益保护，组建孕妇工作生产线的消息，受到了广大观众的热烈评论和点赞。

“准妈妈专线”设立十多年以来，已成为德力西一张广受社会关注的“金名片”。

## 民族团结之花朵朵开

德力西两万多名员工分属不同的民族，做好民族团结工作事关企业和谐、稳定和发展。因此，我多次要求集团及各子公司加强员工教育，维护民族团结，促进德力西发展。

民族团结之花相继在天山南北、长江沿岸、东海之滨等地的德力西子公司盎然开放。

德力西新疆交通运输集团股份有限公司（以下简称“德新交运”“公司”）是德力西集团控股的一家以公路客货运为主的运输企业，主要经营新疆境内长途公路旅客运输和部分跨省、跨国旅客运输，下辖一个客运站、一个国际运输汽车站、四个运输分站。公司有员工一千多人，他们分别来自维吾尔族、汉族、回族、蒙古族、锡伯族、乌孜别克族、俄罗斯族等多个民族，其中少数民族员工占员工总数的 32%。2003 年 5 月改制以来，德新交运经济发展，员工队伍稳定，各族员工在企业发展过程中，相互帮助、相互支持，为维护企业稳定和新疆交通运输事业的发展发挥了主力军作用。

2020 年 8 月 14 日下午，德力西电气 2020 年四川藏区“9 + 3”学生实习欢迎会在德力西电气芜湖公司的会议室里举行。来自四川省阿坝州的 63 名藏区孩子将在德力西电气芜湖基地开始为期半年的实习。这样的机会，是德力西落实民族团结政策，与政府、学校联手推出“校 + 政 + 企”合作培养人才新模式的一项创举，搭建起了藏区孩子从学习到工作的桥梁。截至目前，德力西电气已先后与泸州江阳职高、泸州江南职高、德阳安装技师学院、阆中江南职高、绵阳财经职业学校等四川十余所职业学校合作，累计六百余名藏区学生在德力西电气实习，实现了企业人才需求保障和藏区学生就业的双赢局面。

在德力西集团温州生产基地同样活跃着一批少数民族员工。德力西电气公司有 191 名来自五湖四海的少数民族员工。多年来他们在德力西和谐共处，为公司的发展尽心尽力，做出了应有的贡献。

2009 年 9 月，德力西集团计划举行国庆 60 周年庆典晚会，鼓励各族员工积极排练，参加演出。

刘宗沩，这位来自湖北长阳的土家族员工开始动起了心思。他想借助这个舞台表达对祖国母亲的爱，同时展现土家族人的风采。为了准备好能代表德力西所有土家族员工的节目，刘宗沩想来想去，决定组织大家跳土家族舞蹈。于是，刘宗沩联络了几个老乡，开始排练。刚开始，由于大家配合不默契，动作不到位，跳起舞来费时费力。有时，几个小时下来，腿都抽筋了，可他们没有一丝的退缩，忍着伤痛继续坚持着。

公司工会对刘宗沩等人的排练非常支持，经常派人前往排练场地探望他们，帮助解决遇到的困难。当大家配合越来越默契，舞蹈越来越成型的时候，没想到演出服装的问题却难住了他们。

一群人找遍了温州各家民族服装租赁公司也没有找到合适的服装。温州本地裁缝师傅又没有人会做土家族服装。就在刘宗沩等人失望之时，公司领导决定让刘宗沩等人专程回湖北老家订做服装。

演出当天，当 10 名少数民族员工身着土家族特色服装上场时，全场响起了热烈的掌声。台上歌舞绚丽，台下掌声不断，所有的员工都为当时的氛围所感染，大家尽情歌唱，尽情欢笑，德力西成为一个多民族和谐共处的大家庭。

## 施大姐热线

全体员工是德力西发展的中坚力量。关心关爱员工是公司的应有之义。基于这种考虑，我全力支持工会工作，鼓励他们放手创新，持续提升服务员工的能力和水平。

德力西电气公司工会一直把营造一个和谐温馨的大家庭作为自己的重要任务，探索总结出一些行之有效的好经验、好做法。

德力西电气公司工会负责人施律珍是我的干妹妹。1979 年，施律珍到柳市大集体企业柳市搬运站工作，当时，搬运站那里没有宿舍，就住在我家。因父辈的关系，两家关系很亲密，慢慢的，无形之中，她就成了我母亲的干女儿。2007 年，德力西集团与法国施耐德电气公司合资，成立了德力西电气公司，施律珍的外协厂也被合资了，她当了德力西电气公司的工会副主席。为了更加顺畅地和员工沟通，公司工会决定开通员工联系热线，而施律珍就是热线的主要负责人。她公布了自己的手机号码，全天候服务。公司员工有什么困难，都能随时和施律珍联系。工人们亲热地把这称为“施大姐热线”。

徐玲蕾是电气公司质量部的检验员，她一说起“施大姐热线”对她的帮助就感动不已。徐玲蕾身体不好，工资大部分花在医药费上。她的儿子考上了大学，这让她既喜又愁，孩子的学费成了她最大的心事。在万般无奈之下，平时要强的徐玲蕾硬着头皮拨打了“施大姐热线”。

施律珍得知情况后，立即向公司领导反映了情况。公司很快决定给徐玲蕾发放困难补助金，并且把她的儿子列入公司“金秋助学”的名单中，解决了孩子的学费问题。

施律珍下班回家休息的时候是热线最忙的时段。因为上班工作忙，员工们一般都会利用下班时间拨打热线，不管是工作上、生活上，还是感情上的事情，都会打电话跟施大姐聊聊。记得有一次深夜，正在睡梦中的施律珍被手机铃声吵醒，原来员工小张夫妻吵架了。施律珍马上起床，赶到他们家调解纠纷。大家开玩笑道：“施大姐把 24 小时都献给了德力西。”而施律珍自己说：“看到员工的困难得到解决时，我心里就会特别开心。”

## 快乐的小候鸟

早在未合资之前，德力西集团就举办过多届暑期学习班，合资之后，德力西电气公司发扬了关心员工下一代的好传统，至今已举办了九届小候鸟暑期学习班。

2019 年 7 月 10 日，以“同关爱　共成长”为主题的德力西电气有限公司 2019 年“小候鸟”暑期班在德力西工业园举行。358 名员工子女在浙江工贸职业技术学院大学生志愿者的带领下，度过 40 余天的假期。

公司不仅为“小候鸟”们送上精心准备的文具用品，还提供免费的午餐、点心等。志愿者老师除辅导语文、数学等文化课外，还讲授主持、舞蹈、绘画、武术、围棋、手工等拓展性课程，让孩子们收获一个快乐、进步、安全的暑假。

第八届德力西电气“小候鸟”暑期班开班暨青少年实践中心授牌

在暑期班的教师队伍中，叶仁杰和蔡贞燕都是在校大学生，有所不同的是，他们的到来还带着一份感恩的心。叶仁杰和蔡贞燕曾是德力西电气公司的资助对象。当得知公司举办暑期班教师资源紧张时，他们放弃了原来联系好的暑期工作机会，加入到教师志愿者队伍中。他们表示：“公司帮助过我们，我们也想尽一份力回馈公司，和其他志愿者一起把爱心传递下去。”

作为德力西集团关爱员工的传统举措，“小候鸟”暑期班切实解决了职工的实际困难，受到了员工们的广泛欢迎，也把“德报人类，力创未来”的文化种子撒进了孩子们的心田。自 2010 年开班以来，德力西电气“小候鸟”暑期班累计辅导学生达 3000 多人次。

## 双倍的“烦恼”变“幸福”

我时常讲，国家的困难中就有商机，中央领导人思考的难点问题中就有商机。解决好这些难题，我们就能赢得商机。德力西集团党委、工会把员工的“难点”当作工作的“着力点”，想员工之所想、急员工之所急，帮助员工解难事、办实事、做好事，大大激发了广大员工对公司的信赖、感恩和热爱。

来自河南鹿邑的王进粮是浙江德力西电器公司的厨师。十多年来，他工作勤勤恳恳，把德力西当成自己的家，努力管理好食堂。他的一对龙凤胎儿女也在柳市学习、生活。双倍幸福，也有双倍烦恼。2019 年 13 岁的儿女要上初中了，去哪里上学成了一个棘手的问题。

得知当地政府出台的企业新居民员工子女优先就学的新规定后，德力西集团党委书记、工会主席陈建春马上让工作人员联系王进粮，让他迅速提交了申请资料。在随后公布的新居民子女优先就学的名单上，其儿子王浩与女儿王晶晶顺利拿到进入柳市镇实验中学的名额。

王进粮说：“我的工作很平凡，感谢德力西对我的关怀与肯定。解决好孩子读书问题将大大激励我们这些新居民安心工作，更好地服务‘第二故乡’。”

集团领导的帮助让王进粮心怀感恩、铭记在心。有一次，看到集团党委书记陈建春来公司食堂就餐，王进粮特意买了两个鸡腿送过去，用朴实的举动表达最诚挚的敬意。一时间，“两个鸡腿的情谊”在公司上下成为“美谈”。

据统计，仅 2020 年秋季学年，集团工会就解决了德力西温州区域企业 138 名外省籍员工子女的上学难问题。

正是在这种以人为本、员工至上的理念指引下，“民有所呼，我必有应”成为德力西群团组织工作的一种常态。

组织评选优秀合理化建议、缓解员工停车难、开通帮扶热线、组织全员免费体检等都是德力西回应员工期待做出的制度性安排。

## 好人好事蔚成风

精神文明建设最根本的还是做人的工作。德力西坚持以人为本、员工至上，大力营造崇尚文明风尚的良好氛围，与员工共建制度、共创效益、共享成果，激发了广大员工立足本职、强企报国的真挚情怀。他们爱岗敬业、追求卓越，进一步夯实了企业发展的物质基础；他们崇德向善、见贤思齐，让文明的新风吹遍了企业的每一个角落，好人好事在德力西不断涌现，也提升了德力西品牌的知名度和美誉度。

2013 年 10 月 11 日一个平常的下午，德力西一员工的 4 岁孩子和同伴玩耍时不慎从宿舍三楼掉落。危急之时，正在楼下带孙子的德力西员工家长，61 岁的游增寿老伯和 67 岁的陈明富老伯最先反应过来，他们冲到孩子的下方，毫不犹豫地伸出双手！孩子跌落后，头落在游老伯的肩膀上，挡了一下后，同时冲上前来的陈老伯则顺势用双手兜住了孩子的臀部。孩子经过两位老伯的缓冲后，跌落在草地上只受了皮外伤。由于撞击力太大，两位老伯受了点轻伤。得知这一消息后，我专门委托集团党委书记、工会主席看望慰问见义勇为的两位老人。面对前来慰问的集团党委书记等一行人，两位老人谦虚地说：“这是我们应该做的。这样的事无论谁看到了，都会上前接一下的，只要小孩没事，我们自己受点小伤也无所谓。”一时间，两位老人的壮举在乐清大地广为传颂，赢得了人们的赞誉。同年年底，他们被授予“最美新乐清人”称号。2014 年 3 月 5 日，两位老人被评为“2013 感动温州十大人物”，受到了温州市委市政府的表彰。

见义勇为是发自内心的善举，爱岗敬业则源于强烈的责任意识、担当意识。

2018 年 4 月 10 日对德力西电气有限公司卓越制造部总经理吴品华来说，是一个值得高兴的日子。这一天她被浙江省委宣传部、省文明办等单位评为“浙江省敬业奉献好人”。这是对她多年来立足岗位、敬业奉献的最好褒奖，也激励着更多的德力西人见贤思齐，崇德向善。

类似吴品华这样立足本职、乐于贡献的例子在德力西还有很多很多……

在企业内部助人为乐、爱岗敬业成为德力西员工的一种自觉行为，走向社会，德力西人危难时刻显身手，也同样赢得了社会的赞誉。

2018 年 9 月 20 日晚上 6 点 20 分，浙江卫视以题为“身边的正能量：杭州、乐清相继发生轿车落水事故　所幸路人合力施救”报道了德力西八公司员工韩利忠和石俊文等人勇救发生车祸的一家四口，弘扬正能量的故事。

9 月 16 日中午 11 点 43 分，乐清市白石街道路口突发交通事故，一辆白色轿车和黑色轿车发生剧烈碰撞，黑色轿车撞破路边水管，冲入一条干涸的溪流，车内一家四口被困，情况十分危急。正巧经过附近的韩利忠、石俊文等人看到后，赶紧下车帮忙救人。

石俊文介绍，自己的一个同事首先帮忙把一个小孩从车里抱了出来，其他同事则七手八脚用担架将大人抬上大路。当时车窗因为激烈的撞击出现碎裂，忙于救人的韩利忠完全顾不上手上扎进去的玻璃，等一切忙完之后，才简单处理了一下手上的碎玻璃，部分扎进肉里面的小玻璃去了医院才取出。

车祸受伤者邓某一家立即被送往当地医院接受治疗。由于营救及时，均没有生命危险。

# 播撒“爱的希望”

## 托起希望的朝阳

我从父亲的裁缝思维里深深懂得了“修业先修身，修身先修德”的重要性，并且把“百行德为先”作为自己行事的出发点和落脚点，依法纳税，诚信经营；注重品质，勇于创新，在做强做大企业的同时，热心公益事业，参与希望工程，积极回报社会，用实际行动点燃了贫困地区失学儿童知识改变命运的梦想。

1997 年 7 月 10 日，我随同浙江—四川对口帮扶代表团考察四川南充，开展对口帮扶工作。我们先后考察了当地的贫困村、希望学校、市场、企业等处。看到南部县的教育基础设施薄弱，于是我决定以德力西的名义在南部县援建一所希望小学。不久之后，这所德力西希望小学在四川省南充市南部县中房湾村正式建成投入使用。

知识改变命运，学习成就未来。参与希望工程，支持教育事业就好比暗夜里点燃了一盏“明灯”，照亮了贫困地区孩子们前行的路。从德力西捐建第一所希望学校开始，我特别关注贫困地区的教育事业，并且身体力行提供支持与帮助。

2000 年冬至 2001 年春，新疆阿勒泰、塔城两地遭受特大雪灾，平原积雪 0. 5—1 米，山区积雪 1—2 米，积雪时间长达 5 个月，两地区受灾牧民 32. 9 万人，其中死亡 9 人，冻伤 2172 人，倒塌住房 4487 间。当时，正关注国家“西部大开发”战略、已两次赴新疆考察的我从《新疆经济报》上看到阿勒泰学校被毁、老师到牧民家的临时帐篷里授课的报道，当即紧急捐资 50 万元，委托德力西在新疆的经销商接洽援建希望学校事宜。经过多方共同努力，在新疆阿勒泰阿苇滩镇援建了一所民族学校，缓解了当地学生“就学难”的问题。

2003 年 9 月，第四届“西博会”上，德力西决定投资四川南充，开展产业扶贫，兴建南充光彩大市场项目，解决当地百姓的就业问题。经过几年的建设，到 2006 年南充光彩大市场建成投入运营后解决社会就业约 1. 6 万人，年纳税近 1 亿元，成为德力西产业扶贫的样板项目。在产业扶贫的同时，德力西还通过南充光彩大市场捐资 100 万元，在南充市区援建了嘉陵区光彩实验小学。

南充光彩大市场——德力西投资 15 亿元建设的浙江对口援川项目

此后，在我的带领下，无论是德力西集团总部，还是下属子公司，都积极投身希望工程，捐建了多所希望学校，为发展贫困地区的教育事业尽了一份绵薄之力。

“希望工程”心形海浪托起一轮红日的标志，是中国最具辨识度的符号之一，亿万青少年的命运随之改变。

2019 年秋，在希望工程实施 30 周年之际，德力西集团组织实施了回访计划，对集团早期援建的几所学校进行回访和接力捐赠。之所以组织这次回访，是因为我从未忘记那里是德力西助力希望工程的起点，也是德力西人践行“德报人类”使命的开始，正是这种初心和使命陪伴德力西在产业发展与社会责任并举的道路上昂首向前。

当德力西集团工作人员联系四川省南部县保城乡小学（即原德力西捐建的中房湾村小学）范礼堂校长时，范校长特意发来短信，邀请德力西人故地重访，看一看基础教育、山乡发展翻天覆地的变化……

2019 年 11 月 13 日，受德力西集团总裁胡煜鐄的委托，南充光彩大市场总经理何鹏翔与集团总部代表一行专程赶赴四川省南部县保城乡小学，为扎根山乡教育的老师们送上了一批急需的办公电脑。

回忆起当年德力西集团在中房湾村的捐资助学善举，保城乡小学范礼堂校长颇为动容：“中房湾村小学在当时从根本上解决了中房湾村办学之困难，解决了孩子们就近求学之困难，一批批孩子沐浴着希望工程之恩泽踏进校园、走出大山、走出致富希望之路，也让一代代山乡学子铭记住了德力西希望小学，播下了感恩奉献的种子。”

德力西中房湾希望小学建成后的二十多年里为附近数以百计的孩子提供了就近入学的机会。直到近年，由于国家教育政策的调整，村小逐步并入乡镇中心小学，中房湾小学也随之并入保城乡小学。目前，保城乡小学有在校学生500多人，教师30多人，虽然处在群山丘陵之间，但有国家的教育经费保障和兢兢业业、无私奉献的教师队伍，该校弦歌不辍，在南充市教育系统屡获殊荣。

何鹏翔简要介绍了德力西集团的发展近况，回顾了德力西与南充、保城乡、中房湾村的渊源。他表示，南充光彩大市场将与保城乡小学把德力西与中房湾22年的情谊延续下去，为贫困学生以及学校、教师解决实际困难，共助保城乡小学桃李争妍、人才辈出。

范礼堂校长表示，希望工程实施30年来，包括德力西集团在内的众多社会爱心企业、人士援建了15000多所学校，极大改变了中国边远贫困地区的基础教育面貌，也改变了亿万孩子的命运。随着国家教育投入的不断加大，南充地区的教学条件已经今非昔比，但是德力西所给予的帮助山乡师生不会忘记，希望、感恩的种子已经深植一代代孩子们的心间，陪伴他们成长、成才、走向社会，相信他们会把德力西回馈社会的公益精神传递下去。

受我的委托，2019年12月13日，集团总部代表以及下属上市公司德新交运党委副书记、副总经理兼工会主席古丽一行分别从上海和乌鲁木齐专程赶赴阿勒泰市阿苇滩镇，为老师和孩子们送上办公和学习所需的设备和图书。

作为目前阿苇滩镇唯一的小学，寄宿制学校现有教职工八十多人，十六个班、四百多名哈萨克族、汉族等多民族孩子在这里学习，中央专款出资六百万元兴建的三层教学楼是学校的主体建筑。在新教学楼2018年投入使用前，两层的“德力西楼”已经为师生们服务了近20年。

据在校工作三十多年的魏新东主任介绍，2000年冬，阿勒泰地区遭遇百年不遇的特大雪灾，校舍损毁严重，此事经德力西新疆分公司及《新疆经济报》时任驻阿勒泰记者陈正元协调联系，很快收到德力西集团捐赠的50万元善款，镇政府代建的新楼于2001年秋投入使用，是学校自1948年创设以来的第一座钢混结构校舍。

“德力西楼”拥有4个能容纳各50名学生的教室，还有3个教师办公室，极大改善了当时学校的教学条件。即便现在“退出现役”，“德力西楼”也依然作为“国家强壮工程”用房，为孩子们储存和发放营养餐发挥作用。

由于国家投巨资支援边疆教育事业，阿勒泰地区已实现从幼儿园到中学的15年义务教育，阿苇滩镇的孩子们虽然最远的离校四十多公里，但低年级走读生有校车接送，高年级住校学生每餐只要1元钱，再无失学之忧。回访前，德力西的工作人员与学校多次沟通询问学校的实际需求，了解到办公设备、课外读物尚有不足，于是按需采购了相应的物资。其中，激光数码一体机与德力西集团总部使用的型号相同，书目也大多由身为父母的德力西员工推荐。

学校党组织书记、校长刘永琴表示，德力西的这次捐赠对全校师生意义非同一般，既是物质上的帮助，更是精神上的鼓舞，有党和政府的坚强支持、社会各界的无私帮助，学校一定会越办越好，成为新疆乡村教育的典范。

从东南沿海到天府之国，再到西北边陲，这份跨越万里、绵延数十年的不解之缘，既是“民族团结一家亲”的小小缩影，也是德力西集团以德立企、使命传承的生动体现。

## 中国公益节上的“常客”

德力西电气是2007年由德力西集团与法国施耐德电气强强携手成立的合资企业。作为这家公司的董事长，企业社会责任是我在业务发展之外最为关心的另一项事业。

2020年1月14日至15日，第九届中国公益节暨“因为爱”致敬盛典在北京盛大开启。德力西电气以持续耕耘的精神和突出的业绩荣膺“2019扶贫典范奖”“2019年度公益创新奖”。德力西电气连续七年未曾缺席中国公益节的领奖台，这份荣誉与肯定的背后，是数万名德力西人及合作伙伴的爱心聚力与温暖传递！

在创造经济效益的同时，德力西电气紧跟国家政策导向，聚焦贫困地区教育，着力精准帮扶，持续践行社会责任。自2012年以来，德力西电气先后在新疆、贵州、黑龙江、四川、安徽、宁夏、青海、甘肃、西藏、重庆、云南、陕西等地捐建了19所希望小学，累计捐资1000万元，为一万多名偏远地区儿童送去温暖与希望。

德力西电气还开展“一对一帮扶”“爱心义卖”等捐助活动，

泸西县中枢镇德力西电气工品汇希望小学揭牌

云南镇雄希望小学落成

充分调动企业内外力量支持教育扶贫事业，并通过建立长效回访机制，通过回访、探访、微心愿等多个渠道，携手经销商、供应商、志愿者等多方力量持续关注孩子们的学习与生活，帮助他们健康成长、圆梦校园。

德基金作为德力西电气推动公益实践更专业、多元化的载体，于2019年暑期参与真爱梦想“去远方”公益研学旅行项目，为来自蒙古国的孩子们圆梦上海；2019年10月联合中国青基会参与腾讯99公益日活动，为名下希望小学开展多媒体设备的社会公募活动，改善贫困地区学校教学设施。

此外，德力西电气深刻认识到儿童用电安全的公益空缺，结合行业特点和优势，形成系统化的用电安全教育项目。公益制作投放全球首部中英文动画片《阿德的奇妙安全电力之旅》，推出阿德进校园系列、“小小电气工程师之旅”“德力西电气杯”电力知识竞赛等系列活动，以寓教于乐的形式普及儿童安全用电知识。一次又一次的创新突破，使德力西电气的公益影响力得以量级传播，树立了具有代表性的企业公益榜样。

德力西电气通过多年实践沉淀出“一老一小，传统文化”特色公益品牌，关注青少年儿童安全与教育，关爱社会老年群体，传承龙舟文化并连续10年赞助龙舟队，坚持不懈地以独具特色的“德力西电气”方式履责公益。

## 传递温暖的电气“金蜜蜂”

2020年8月6日，第十五届中国企业社会责任国际论坛暨“2020金蜜蜂企业社会责任·中国榜”发布典礼在北京隆重举行。德力西电气有限公司脱颖而出，首次荣登“2020金蜜蜂企业社会责任中国榜”，并一举斩获“金蜜蜂·成长型企业”殊荣。

有温度，守护少年儿童圆梦未来。围绕“有温度”，德力西持续创新公益，捐建希望小学，为偏远地区儿童送去温暖与希望。同时携手经销商、供应商、志愿者等多方力量连续多年开展独具特色的“慈善基金月”公益项目，通过“爱心集市”“手拉手”“圆梦跑”等捐助活动调动企业内外力量支持教育扶贫事业，帮助孩子们圆梦校园。

有温度，抗疫抗洪我们在一起。2020 年初新冠肺炎疫情暴发，德力西电气积极践行企业社会责任，为爱逆行驰援 8 个省 9 个市 10 家防疫应急医院建设，并为多地的敬老院和希望小学送去疫情防护用品和生活所需物资。

2020 年 7 月以来，全国多地受持续强降雨影响，汛情严重，身处长江干流的安徽地区抗洪抢险形势十分严峻。德力西电气心系各地防汛情况，第一时间组织德基金志愿队伍筹集生活物资，奔赴抗洪一线为抗洪战士们送去关怀与问候，并多次组织慰问捐赠活动，为受灾群众送去紧缺的生活必需品。同时，德力西电气响应号召，在芜湖生产基地自发成立了 65 人的民兵组织，多次奔赴抗洪一线待命，用实际行动诠释公益大爱与企业责任。

作为中国企业家，我们身上的社会责任很重很重。财富是一个证明成功的符号，但是回想一下我们的发展历程，如果没有改革开放政策，没有稳定的发展环境，会有我们的今天吗？从这种意义上讲，创造财富是一种社会责任，使用财富更是一种社会责任。我们一定要强企报国，把热心公益、回报社会的事做好。德力西创业近 40 年来为扶危济困、助学赈灾等公益事业累计捐赠超 2 亿元。仅教育领域而言，德力西除了援建 20 多所希望小学之外，还向专为艾滋孤儿解决求学困难的“中华红丝带家园”项目捐资 1000 万元，为汶川地震灾后重建项目“青川智慧岛教育园区”捐资100万元，为上海国际少年儿童文化艺术节捐资100万元……其他的小规模、临时性捐赠更是不胜枚举。

在前行的道路上，德力西始终以爱为桥，以责为尺，用行动诠释作为中国电气行业领军企业的责任与担当。

# 财富·责任·义利观

## 红丝带家园献爱心

2004 年 6 月 15 日上午，《让世界充满爱》的动人旋律在北京人民大会堂飘荡。“与艾滋病作斗争的 121 联合行动计划捐赠暨表彰大会”在这里隆重举行。由中华全国工商业联合会和德力西等民营企业发起的“中华红丝带基金会”也于当日正式成立。

我国艾滋病的严峻形势，震撼着我的心。在捐建“中华红丝带家园”的签约仪式上，我代表德力西集团认捐基金 1000 万元。

2004 年 10 月 23 日，为红丝带爱心家园奠基

同年 10 月 23 日上午，我来到河南省上蔡县芦岗乡王营村，挥锹为“红丝带爱心家园”奠基。“爱心家园”建成后，将接纳 80 名因亲人患艾滋病去世的孤儿就学。

2011 年 8 月 1 日，我收到云南省陇川县一位叫龙 × × 的小朋友的来信。信中写道：

尊敬的胡成中伯伯：

您好！我是云南省陇川县第二小学的政府资助生，感谢您的帮助。在您的帮助下我能来到陇川二小享受全免费教育，接受着与其他学生一样的教育。

相隔千里，素不相识的小朋友怎么会飞鸿传书呢？原来，云南省陇川县位于祖国的西南边陲，由于特殊的地理位置，成为了毒品和艾滋病的重灾区，很多儿童成了孤儿。2009 年 3 月，中华红丝带基金会决定捐建陇川县第二小学中华红丝带爱心教学楼，总投资三百五十多万元。

2009 年 10 月，红丝带爱心教学楼竣工。138 名毒品、艾滋病致孤儿童，每人每月享受 200 元的生活补助，彻底解决了上学难的问题，而龙 × × 小朋友便是其中的受益者之一。当时已在该校就读的他，得知是我们几位企业家和社会爱心人士的大力资助，给了他学习知识的机会，便提笔写下了感谢信。

龙 × × 还在信中写道：

在您的帮助下，我走出了山区，来到了这所学校。

在这里，老师、同学们都很关心我，让我能享受全免费教育，让我学到了更多的知识。学习让我们得到了温暖。虽然我是一个不幸者，但是我知道社会各界的人们都在关注着我们，有许多的爱心人士都在帮助着我们，让我们在学校里的生活环境更好一点。非常感谢您对我的帮助和关爱，我一定会珍惜这个机会，努力学习，将来做一个有用的人，帮助需要帮助的人。

谢谢您，敬爱的胡成中伯伯！

自 2004 年以来，我每年都不忘给中华红丝带基金会捐献善款，还抽出时间参加“红丝带爱心家园”的活动。

## 财富与责任

2007 年 11 月 4 日下午，浙江大学紫金港校区。“创业改变人生——对话浙商”高校巡回演讲活动，在临水报告厅拉开帷幕。

在浙江大学演讲《财富与责任》

作为一名浙商，我受邀在这里发表了题为“财富与责任”的演讲。

14 时 40 分，我们一行人抵达报告厅时，偌大的报告厅已是座无虚席，同学们以热烈的掌声欢迎我们的到来。我在开场中表示，台下同学可以随时打断我的演讲提问。

我的演讲是从“财富观”开始的。我说，谈起钱来是很熟悉的一个话题，也是很实际的，有钱能解决很多问题，没有钱会造成很多的问题。钱不重要，但也很需要，没有钱可能什么事情都办不成，钱不是万能的，没钱是万万不能的。

赚钱多了，对国家对社会肯定有贡献，我们党和国家都提出来全面奔小康，进小康社会，如果说企业主、企业家不好好赚钱，我们很多地方上的扶贫、捐助这个钱从哪里来？

“一个人要创业致富，必须要有创富的意识，眼光应该长远，步子应该坚实。”我在演讲中与在场的学子们分享了自己创业的奋斗经历。我认为，创业成功必备的素质，除了智商、情商外，还有财商——即认识金钱，驾驭金钱的能力，要明白“财富是一把双刃剑”。

我还告诫学子们就业时要有一颗平常心，要先学会生存技能。我说，现在有些大学毕业生认为自己什么都会，希望一进到公司就担任重要职位，这是不可能的。曾有刚毕业的大学生到公司才发现实际操作与课本知识相差很多，因此大家不要将高学历作为唯一的标准，而应将社会的生存技能作为自己的发展目标。每个企业所需要的人才都不一样，最合适、最匹配的人才是企业最希望拥有的人才。

我在最后还寄语浙大学子："一个人最宝贵的品质是社会责任感。不论你身处什么职位，都不要忘记'责任'二字，它会帮助你获得你所追求的成功。"

演讲的过程中，来自台下的提问接连不断：

"请问胡董，比尔·盖茨宣称将只留一千万美元给他的孩子，其余的都将捐给社会。我想请问，您是如何处理儿子、财产和企业之间的关系的？"

"您 16 岁第一次出去跑供销时的心态是怎么样的？"

"在您看来，我们大学生创业应该具备哪些素质？"

"企业做到一定程度，在企业能可持续发展的情况下，是否应该考虑怎么回报社会？"

"您作为全国政协委员，怎样处理好从政与从商的关系呢？"

……

**在浙江图书馆做《财富与责任》演讲，受到听众的热烈欢迎**

我耐心回答了同学们提出的每一个问题，解答了他们心中的疑惑。不知不觉中，演讲在同学们的意犹未尽中结束。当我走下讲台时，热情的同学们把我团团围住——能如此近距离地与我交流，他们感到兴奋！

最后，浙大学子们送给我一个特别的礼物——一幅签满了同学们名字的横幅，上面写着“财富与责任——胡成中与浙江大学学子共勉”。我向他们回赠了自己亲笔签名的著作《财富与责任》。

## 灾难面前见真情

灾难面前，真情无价。

2004 年 8 月，正当德力西人在筹备集团创业 20 周年庆典的时候，罕见的强台风“云娜”袭击了乐清。狂风、暴雨、泥石流，使乐清东部山区人民损失惨重。

灾情牵动着中央领导的心。8 月 28 日，国务院总理温家宝亲临乐清视察灾情。我马上组织德力西集团领导班子收看电视，连夜学习温总理在视察中的讲话精神。

学习会上，我提出向遭受台风“云娜”袭击的福溪乡等灾区捐款 50 万元，同时取消集团创业 20 周年庆典仪式，节约费用，实施“双百善举”：解决 100 名贫困山区农民的就业问题，资助 100 名贫困的白内障患者的复明治疗。

我的提议获得董事局一致通过，立即组织实施。没几天，集团人力资源中心从福溪乡报名者中挑选出首批 25 名员工，经过岗前培训后，安排到德力西注塑模具中心工作。

这一举措，为灾区人民点燃了克服时艰的希望。同时，德力西集团将20万元善款捐赠给温州市慈善总会，启动“慈善复明工程”。12月29日，温州市第二人民医院一批医师奔赴平阳等地，为特困老年白内障患者进行了复明手术。德力西的爱心，为他们营造了一个光明世界。

2008年5月12日，四川汶川发生大地震，造成震惊寰宇的灾难。出差在外的我闻讯后马上打电话到集团总部，要求集团立即开展捐款“献爱心”活动。我在电话中说：“为汶川救灾，每个人都要出力。我个人捐资100万元，每位股东都要带头！”在我带动下，集团各股东捐资额都在万元以上，德力西旗下各企业也纷纷组织捐款活动，捐款总额达582万元，有力地支持了灾区重建工作。

德力西党委、工会组织员工为四川汶川地震灾区捐款

2009年8月20日，总用地面积270亩的青川县智慧岛教育园区正式开工建设，我派代表参加了由浙江省红十字会组织的项目奠基仪式，将个人捐资100万元用于灾区的教育事业。一年后的9月18日，由浙江省全额援建的青川县智慧岛教育园区建成

启用，实现了让青川所有学生搬进崭新的永久性教室上课的庄严承诺。

## 逆行出征，抗疫有我

2020 年 1 月，新冠肺炎疫情暴发以来，我团结带领全体德力西人一手抓防控，一手抓复工复产，争取“两战赢”。全体德力西人，特别是广大党员干部勇挑重挑、冲锋在前，争分夺秒、昼夜不息，以实际行动支援全国的抗疫和企业的复工复产。

新冠肺炎疫情暴发之初，德力西集团立即成立了由总裁领衔的应急应对委员会，统筹部署全集团疫情防控、员工关怀、社会援助等各项工作。为做好疫情防控，保障顺利开工，公司提前规划并落实开工岗位预防工作，积极筹备防疫物资和防护用品，并安排专人对厂区进行全面清洁与消毒防护，同时针对人员管控、办公管理、宿舍清洁、健康档案、第三方管理等方面制定专项防疫管理规定，打造绿色健康的工作环境，保障全体员工的生命安全及身体健康。

各级领导也十分关心德力西的发展。2 月 26 日，时任浙江省委副书记、省长袁家军来到德力西柳市工业园视察。我向他汇报了德力西的疫情防控和复工复产工作。袁省长充分肯定了德力西抗击疫情和积极复工复产所做的工作，并鼓励德力西在确保做好疫情防控工作的前提下，坚定不移推动复工复产工作。温州市、乐清市、柳市镇主要领导多次到德力西调研，帮助协调解决企业遇到的困难和问题，极大地鼓舞了我们战胜疫情的信心。自 2 月 24 日复工复产以来，德力西集团主要生产经营指标环比逐月走高，呈现良好的发展态势。

在做好复工复产的同时，德力西还以实际行动积极支援各地的疫情防控。

疫情面前，速度就是生命，为了武汉，为了武汉的千万同胞，德力西电气设备供应要快一点，再快一点。“能够为火神山、雷神山医院快速建成贡献力量，我感到特别自豪，充满力量!”德力西电气销售有限公司湖北区域经理、党员周剑南说。从大年三十开始，周剑南等多名党员主动放弃休假，一直与建设方协调沟通、安排配送，正是这群“逆行者”日夜加班加点，保证了产品的快速供货，确保了两大医院的配电需求。

“我在参与驰援火神山医院建设的时候，看到了许许多多不顾自身安危、争分夺秒奋战的党员身影，深受感动，回来后没多久，我就向党组织递交了申请书。”参与驰援火神山医院建设的员工涂威说。

火速驰援的背后离不开畅通高效的德力西物流系统，全国五一劳动奖章获得者、德力西电气有限公司供应链卓越制造部总经理、党员吴品华带领团队组建的透明物流系统，大大简化了中间环节并且避免了不必要的接触，这都为火速驰援赢得了宝贵的时间。

2020 年 7 月中旬，乌鲁木齐疫情出现反弹。“疫情就是命令，防控就是责任”，得知疫情后，我立即指示德力西新疆交通运输集团股份有限公司（简称“德新交运”）第一时间响应政府号召暂停普通客运班线，把精干力量集中到疫情防控上来。德新交运全力配合当地政府的工作，在做好自身防控的同时，安排车辆和人员转移运送医护人员及旅客11000多人，居家隔离的员工也纷纷投身社区防控工作，彰显了德力西企业的担当和行动力。

本轮疫情发生后，“德新交运”疫情防控工作组迅速响应，在严格落实疫情防控措施的同时，配合社区工作，圆满完成疫情期间各项运输服务保障工作。

客运分公司7月16日挑选出最得力的精兵强将，连夜入住公司，并组建了抗疫应急保障运输队伍，几乎每天都是在凌晨3至4时与相关政府部门或医疗机构核定好用车信息后，调整车辆、配发防护装备、车辆再次消毒、驾驶人员安全交代、出车执行保障等一系列工作井井有条，临时腾出部分办公室作为宿舍，分公司领导班子身先士卒与调度员、车管员及驾驶员师傅们同吃住、共消杀，并肩作战。

根据乌鲁木齐市政府号召和交管部门的要求，他们编为4个运输小分队，承担着机场接送、高铁站接送、隔离人员转运、卡点备勤等运输服务工作。德力西客运分公司机场转运组发班81班，运送旅客1600人。疫情防疫组发班179班次，运送5200名医护人员。入城检查卡点发班210班，运送工作人员及隔离人员2170人次。宾馆转运组发班48班，转运人员2350人次。共计发班518班次，运送11320人。一辆辆在公路上奔驰的车辆，一个个勤劳的身影，既是牢不可破的防护线，也是温情守望的风景线。疫情不退我不退，成为德力西新疆客运人最响亮的声音。

# | 第四章 |
# 履职之诚

每年的春天，全国人民的目光、世界舆论的关注都会聚焦“两会时刻”。

两会是中国特色社会主义民主政治制度的独特安排。全国人大代表和全国政协委员聚集一堂、共商国是，既是反映民意、汇聚民智、凝聚民心的过程，也是行使神圣权利，将党和人民的主张上升为国家意志的过程。

2003年，我有幸成为全国政协委员，并连任一届。2018年，我又当选全国人大代表。作为一个企业家，能走进国家最高议事殿堂，并在其中略尽绵力、发挥作用，是我无上的光荣，也是难以忘怀的珍贵记忆。

# 代言产业频献策

## 一开始就要“打好样子”

2003 年 3 月 1 日的全国政协十届一次会议，是我当选全国政协委员后第一次参加全国两会。我深感责任重大、使命光荣，早在前一年冬天就开始了提案的调研起草工作。

我认为，政协委员也好，人大代表也好，都是国之“公器”，国家赋予我们这个身份，是希望我们为民代言、为国建言的，而不是为个别人、个别企业反映诉求的。所以我从一开始就为自己设定了两条原则，一是秉公，二是直言。第一次参会做好了，也是为以后更好地参政议政“打好样子”。

为了拿出高质量的提案，我在集团内外先后开展了三轮工作。

第一轮是在集团内部广泛发动员工，特别是党工团组织，通过集思广益，汇聚大家最关心的议题。

第二轮是确定民意比较集中、社会比较关切的几个议题，再搜集资料、征求意见，然后起草文稿。

第三轮是文稿基本就绪以后，再邀请职工代表、专家学者、政府和企业界的朋友审阅，从不同角度提出意见建议，最后汇总修改，形成提交大会的定稿文本。

经过三轮的打磨，最终我带着上会的有三个提案：《关于进一步加强企业名称权管理和法律适用的建议》《积极推进扶贫济困工作的市场化和法制化》《加强综合减灾工作，保证城市安全》。

第一个提案确实是有感而发。在改革开放早期，由于法制不健全、市场环境混杂，我们浙江特别是温州一度成为假冒伪劣产品的聚集地，恶名远扬之后，很多浙江的合法企业甚至都不敢亮明自己的身份，要到上海找一家合作企业，挂别人的牌子。经过各级政府痛下决心的治理，以及一批有责任感的企业共同努力，浙江民营企业终于站稳了脚跟，赢得了市场青睐，树立了自己的品牌，很多还被国家工商总局认定为“驰名商标”。

但这份来之不易的成绩，很快也成为那些投机取巧者、制假售假者眼中的肥肉，挖空心思要“揩点油”。比明目张胆的假冒伪劣更令人头痛的，就是“傍名牌”。他们利用法律法规的漏洞，在其他地区注册相似名称的企业和商标，生产销售近似的产品，误导市场和消费者，蚕食正宗名牌的品牌价值，有的甚至长期存在，形成“历史遗留问题”，给司法维权造成障碍，影响极为恶劣。

为此我建议采取综合措施：一是对历史遗留的知名老字号，要加快品牌整合的步伐，让规模效益好的龙头企业收购、兼并规模小、经营情况差的同名企业，逐渐统一品牌、企业名号，组建新型的企业集团。而对那些克隆者，则应该采取法律手段，严厉打击。二是根据每个驰名商标的显著性、独创性，制定专门规范，把保护落实到每一个驰名商标上，变被动为主动，大大增强各级工商行政管理机关的可操作性。三是在修订企业名称权法律法规时，要注意商标和企业名称的衔接关系，既要防止拿别人的企业名称去注册商标的问题，也要防范拿别人的商标去注册自己企业名称的行为。

应该说这几条建议还是比较中肯的，当时的国家工商总局也比较重视，在随后的法律法规陆续修订过程中也有所体现，为净化市场竞争环境、打击侵犯知识产权和不正当竞争行为收到了立竿见影的效果。

第二个提案是针对贫困问题。我们这代人，都是从穷日子里走出来的，我们感恩改革开放，更不应忘记“先富带后富”的责任。我认为造成贫困的因素很多，比如改革开放前主要是政策、机制问题，改革开放以后，相当重要的一个因素就是人的观念。温州在地理位置上偏于东南一隅，既没有交通之便，周边又没有商埠大市，为什么能物畅其流，商贾云集？就是因为这里以“重商、义利兼顾”为主要精神的永嘉学派思想占了主流。而有些贫困地区安于现状，轻视经商办企，甚至对外出打工者十分看不起。一方面，本地人不愿经商办厂；另一方面，外面的人或者有新思想的人不能来、不敢来这里办厂，这就造成了一种恶性循环。

所以我认为扶贫济困的工作也要首先在观念上进行一个大的转变。不要认为外面的人来投资就是来赚钱的，也不要认为别人的帮助是永远无偿、长期不断的。财富的增长在于“物畅其流”，而使利润不断、投资增长的要诀也只有一个——利益共享。不要总盯着别人的口袋装进了多少钱，真正重要的是我们共同的“蛋糕”有多大，怎样使它变得更大。

为此我建议，一方面，不能将“扶贫济困”简单理解为“救急救穷”，而要从根本上解决问题就必须采取积极的办法，帮助贫困地区和贫困人口造血，而不仅仅是给他们输血，既要授之以鱼，更要授之以渔。另一方面，对扶贫主体企业和个人进行鼓励，使他们在扶贫的过程中也能得到实际的经济收益，实现扶贫中的双赢效果。

在当时，“产业扶贫”还是一个大家比较陌生的概念，我也没有用这个词，但主要意思是一样的。可喜的是，今天产业扶贫已经成为全社会的共识，脱贫攻坚战的主要武器，就是产业扶贫。

第三个提案是针对城市减灾。

首次参会我提的三个提案，覆盖了产业、民生、社会治理三个方面，此后十多年，我向全国两会先后提交了五十多份提案、建议，主要也是聚焦这三个领域。

## 为振兴民族工业鼓与呼

2004 年 3 月 4 日，中央领导参加全国政协十届二次会议工商联、民建联组讨论会。

会上，我做了题为“着力打造中国先进制造业”的汇报发言。当时，中国的制造业处于加工阶段的比较多，也就是“打工经济”。而 ABB、西门子、施耐德等创设了近百家企业，渗透到我国六大电器基地，已经打到了家门口。原来国有企业挑大梁的六大电器基地包括上海、北京、沈阳、天水、遵义、佛山，但这些基地都不争气，反而是温州的民营企业生产的中低压电器占了半壁江山。国外企业有品牌、技术、全球网络优势，国内民企有成本优势、区域网络优势等。

围绕打造中国的先进制造业，我建议：中西部、长三角、珠三角、京津经济带、东北老工业基地要发挥互动优势。东北老工业基地有人才优势、区域优势，缺乏的是机制，而民营企业有网络优势、机制优势及资金和品牌优势，如果让民企参与国企改革，就可以实现优势互补。在与西部合作中，我们对“互动优势”做了成功的尝试。德力西与西安高压电器研究所合作，生产11 万伏—22 万伏高压电器，价格上比国外同类产品低 20%—50%，产品已应用到青藏铁路，而过去这些产品是依赖国外进口的。

当时我们与上海电科所、西高所、大专院校合作，成立博士后科研工作站、国家级研发中心，已获得专利几百项。酒泉卫星发射中心采用了德力西的产品，在参与招投标的中外企业中，德力西是靠技术获得了优势。有感于此，我说打造中国先进制造业，必须开发有自主知识产权的产品，加快技术升级，否则我们就站不住脚、走不出去。

在调整产业结构方面，我认为企业要走社会化、专业化协作之路，要形成生态产业链体系，必须掌握研发体系、生产网络、营销系统，不是有了工业园区就认为自己形成了产业链。

作为经济界政协委员，我尤其关注国内外的经济问题，在每次小组讨论会上，总是踊跃发言。在 2012 年 3 月 5 日下午讨论总理《政府工作报告》时，我提出，“政府要引导国企调整产业布局，把一般性行业的发展空间尽量留给民间投资主体，防范国企过度扩张，对民企中小企业形成挤出效应”。当天晚上，中央电视台《新闻联播》就进行了报道。

实体经济是大国根基，制造业更是国家经济命脉所系。早在创业之初，我为公司取名时就寄托了让中国电气制造赶超西方的宏愿。三十多年来，德力西从家庭作坊发展成为中国500强企业，电气制造作为德力西主业的地位始终没有变，扎根实业、倾心制造也始终是我们不变的战略抉择。

近年来，在大举推动德力西电气制造智能化转型升级的同时，我也努力发挥代表、委员身份的作用，为面临发展瓶颈、转型压力、机制障碍的制造业，特别是从事制造业的民营企业而呼。

2009年，我提交了《关于优化装备制造业产业链的建议》，认为世界500强企榜单上中国制造企业数量太少，反映出“中国制造业整体水平不高，处于国际分工产业链的低端，创造的价值不高，产业结构非常脆弱”的严峻形势。为此我建议更大规模扩大内需市场，为民营制造业企业创造更公平的竞争环境，政、产、学、研各方合力，扶持龙头企业整合扩张、转型升级，培育全球竞争优势。

2019年，针对中国制造频频遭遇“卡脖子”的问题，我再次提交《关于加大对民营企业打造先进制造业支持力度的建议》，呼吁国家全面破除各个领域针对民营企业设置的“卷帘门”“玻璃门”“旋转门”，建言社会各方“从振兴民族工业、捍卫国家安全的角度，在市场准入、审批许可、经营运行、招投标、军民融合等方面，给民营企业发展创造充足的市场空间”。

## 新闻媒体聚焦的对象

2012 年 3 月 9 日上午，北京人民大会堂，全国政协十一届五次会议举行第二次全体会议。

我登上讲台，以“中小制造企业的困境和出路”为题，做了我的首次大会发言。我一直十分关注中小制造企业的生存和发展，这次发言是我带着助手经过半年多的调研才形成的。

我在发言中说，目前，国家经济平稳发展，但制造业增长却在持续放缓，特别是以民营经济为主的中小制造企业，利润严重下滑，亏损面日趋扩大。

我认为，中小制造企业的根本出路在自强自立。在企业积极应对的同时，政府及有关部门也要采取有力措施，优化企业生存环境。

我建议：一、金融机构要“放水养鱼”，与企业共进退；二、政府要转变职能，变管理为服务；三、要大力减税清费，为制造企业减负；四、打破行业垄断，开放民营银行。

我的发言讲出了很多企业界委员的心声，赢得了热烈的掌声。

2007 年，我提交了一份《关于设立民生指标实行开放式监督的建议》。我认为，构建社会主义和谐社会，必须切实解决人民群众最关心、最直接、最现实的利益问题。各级政府在关注经济指标的同时，要更加关注民生指标，注重提高人民群众的生活质量，提升人民群众的幸福指数，切实增进社会的和谐程度。现在各级政府对解决民生问题已经日益重视，但不少事关民生大计的问题，属于难度较大的工作，因此有一些地方，在计划安排中用了比较概括、抽象的词语，诸如“积极促进”“加快建设”“进一步推进”“进一步解决”等，缺乏定量的指标，进展情况没有明确的衡量标准，群众难以进行评价和监督。同时由于任务比较“软”，少数责任意识不强的政府领导，思想上没有压力，工作缺乏紧迫感，大量时间花在文山会海里，忙碌于迎来送往中，一些群众最关心的工作却进展缓慢。

为此我建议，在各级政府的工作报告或工作计划中，设立“民生指标”，建立开放式的监督机制，使各级政府在解决民生大计问题上，想实招、使实劲、干实事、求实效。

2009 年，我提交了一份重磅提案，直指利差垄断。当时，银行一年期存款利率与贷款基准利率利差达 3 个百分点以上；活期存款利率为 0.36%，国内银行业实际业务形成的利差也达到了 4—5 个百分点。有关报告显示，与发达国家相比，人民币的存贷利差比高达 14 倍。我在《关于缩小人民币存贷利差　大力支持经济发展的建议》中呼吁，通过降低贷款利率，缩小人民币存贷利差。在全球经济危机中，中国许多企业面临较大生存压力，下调贷款利率，减轻企业融资成本，对企业解困是强有力的支持。同时，降低贷款利率，改变老百姓的消费观念，刺激群众购房、购车、购买家电等，也有利于拉动消费、扩大内需。

那几年，各地地王频出，而每一次高地价的诞生都直接导致了同一区域房价的大幅飙升。针对这一现象，我在 2010 年提案

《改变地王频出现象　促进房地产业健康发展》中，呼吁改革“唯价高者得之”的土地招标模式。我认为，地价是房价的主要成本，地价越来越高，要求房价越来越低是不现实的。我国土地资源掌握在国家手中，地价应该是可控的，从调控地价着手调控房价也是可行的。

《金融业适当让利　支持制造业发展》，这是我 2012 年的提案。我注意到，当时在中国的经济领域出现制造业与金融业冰火两重天的情景。商业银行净利润创历史新高，而制造业经营却十分艰难，特别是以民营经济为主的中小制造企业，利润下滑严重。制造企业辛辛苦苦，结果都是给银行打工。不少靠实业起家的企业家，只是把企业作为融资的平台，大量资本转为多元投资，实业空心化、资本投机化、资产泡沫化的状况日趋严重。

我认为，制造业是强国富民的重要支撑，金融业要缩小存贷利差，适当让利制造企业。我建议，金融业的高盈利和制造业的日益艰难是一种不正常的现象，应引起政府的高度重视，采取有力措施予以平衡协调。

2020 年春，新型冠状病毒带来疫情暴发，给我国的社会治理体系带来了一场大考。许多城市利用新信息技术构筑智慧平台，在疫病防控、信息传播、生活保障、在线学习、协同办公中发挥了重要作用。他们通过对接移动运营商以及互联网，运用云计算、大数据分析技术，全面排摸梳理相关信息，提前预警，科学管理，精准施策，联防联控，实现“早发现、早隔离、早诊断、早治疗”，掌握了阻击疫情的主动权。以“健康码”为代表的数字防疫手段，从浙江、上海等发达地域开始推广，覆盖全国多地，助力有关部门落地数字化“网格管理”，构建起坚实的防疫战线。一些城市政府启动服务事项“线上办”，事务处理“不见面”；一些企业采用网络视频会议、在线办公平台；一些学校“停课不停学”，推行远程教学，这些都显示出国家在社会治理现代化方面所取得的长足进步。但在疫情防控中，也暴露了一些地区智慧化水平不高、技术能力薄弱等问题。比如基层信息化相对落后，跨层级运行指挥调度，跨地域物流数据融合，跨系统互联互通，跨部门数据共享，跨业务协同支撑等方面仍然不够等，一度导致调度混乱，出现了一些简单粗暴的做法。

为此我建议升级“城市大脑”，构建智能管理中枢，将原本分散在各部门、各系统相互孤立的数据资源，通过互联网快速汇聚、统一分析，深入挖掘应用场景，各领域、深层级、全覆盖，实现统筹、开放、共治、共享；突出重点，尤其重视构建高水平的公共卫生防疫体系。

类似这些提案、建议，因为切中了社会痛点、热点，我说话又比较直率，往往引起包括《人民日报》、新华社、央视、《经济日报》、《21 世纪经济报道》等党政和财经类、都市类媒体的关注和报道。从我个人来讲，反映这些问题是代表、委员身份的职责所在，媒体的报道和议论，客观上也帮助放大了我的声量，让国家有关部门更重视和采纳相关意见建议，推动实际问题的解决。

# 关注民生屡直言

## 一个特殊的节日

2004 年 5 月 1 日，在夜幕开始染黑群山的时候，我带着一名秘书，自己驾车，前往乐清福溪乡搞扶贫调研。

83 岁的徐小连老人，是 1942 年入党的老党员，早年为乐清人民的解放事业做出了贡献。我询问了老人晚年生活景况，并就乐清市的经济发展与老人做了交谈。然后又探望了徐显何、徐显才等几位老人，全面地了解了福溪乡农民教育、收入、外出打工等具体情况，并给每户老人送上了 2000 元扶贫慰问金。

通过类似的多次调研，我了解了基层扶贫工作的很多症结所在，不光是老少边穷地区存在扶贫的问题，很多发达地区的边远乡村，甚至低收入的城市家庭，都面临很大的生存和生活压力。他们的境遇改善，需要我们不断地去关心、呼吁，也需要全社会的共同努力。

2005 年全国两会期间，我向全国政协提交了题为“实施就业扶贫工程”的提案，认为用钱物救济的扶贫方法是“输血型”的，应该变为“造血型”，最好方法是解决就业，一人就业，可以维持一家的温饱；两人就业，可以结余资金投资生产，在就业中，可以更新观念，开阔眼界，学习创业经验。

早在2003年，德力西就在国家级贫困县——四川南充市嘉陵区投资建设光彩大市场项目，目前已为该项目累计投入建设和运营资金15亿元，建成了整个川东地区最大的建材家居商业综合体。南充市区常住人口仅一百多万，光彩大市场所创造的直接就业岗位就超过了两万，是嘉陵区仅有的三家年纳税超亿元企业之一，为该区2018年底如期“脱贫摘帽”做出了重要贡献。

2006年全国两会上，我又提议在全国建立农民外出务工供求信息网。因为帮助农民就业是扶贫的突破口，外出务工收入是农民增收的主要渠道，农民外出务工不容易，人生地不熟，最好由政府给他们提供正规的就业信息。

央视四套《今日关注》栏目记者问我为什么要写这个提案，我说，目前一些农民外出找不到工作，同时也有一些城市发生“民工荒”，主要原因是信息不对称。建立信息网以后，在网上就可以看到哪里需要哪些工种的技工，农村富余劳力可以有序流动，政府部门可以有针对性地开展培训，可以减少农民就业成本，鼓励更多农民外出务工。《人民日报》在两会特刊中，也对这一提议进行了报道。

在我国工业化、城镇化进程中，两亿多农民进城就业，为城市经济社会发展做出了巨大贡献。然而，落后的住房条件与新生代农民工的期望值形成较大反差，使许多企业经受着“招工难”、人才严重流失和转型升级的种种考验。2012年全国两会期间，我提交了关于统筹解决农民工住房问题的建议，呼吁赋予农民工平等享受公租房的权利，大力支持企业改善员工住房条件，多渠道缓解公租房供应不足的困难，允许农民工用住房公积金租用住房。

从企业角度，我们德力西也对农民工的职业发展和生活关怀倾注了大量心血，2013 年当选全国人大代表的“全国优秀农民工”周振波，就是德力西着力培养的新时代农民工典型。

## 社情民意成了提案亮点

2008 年 2 月 28 日，新华社播发了一条由记者周婷玉、刘铮采写的题为“汇聚社情民意”的通稿，回眸十届全国政协提案亮点。其中，有这样的章节：“继续执行旅客票价不上浮、折扣价列车票价不变动……”这一政策出台的背后，凝聚了众多委员的呼声和努力。

仅在 2005 年全国政协十届三次会议期间，委员们就提出了十多份“取消春运铁路票价上浮”的提案，我的《关于维护务工农民利益，取消春运价格上浮的提案》就是其中的一份。

德力西集团 70% 的一线员工是外来工，作为集团董事局主席，我深知外来务工人员的不易。我提出，取消春运票价上浮，能为每年节前回家和节后出门的务工农民每人减少数十到上百元的负担，而且见效明显、迅速，一定深得民心。建议有关部门在全面调研的基础上科学论证，为老百姓办一件切切实实的大好事。

有关部门答复说，充分重视政协委员们反映的维护农民工等社会困难群体利益的问题。从 2006 年春运开始，以农民工和高校学生为主体的旅客硬座票价不上浮，三千多万名旅客因此而受益。2007年铁路春运各类旅客列车票价一律不上浮，以后春运也不再实行票价上浮制度。

在担任全国政协委员、全国人大代表的十多年里，我一共递交了四十多个提案、建议，大部分都反映了社情民意，得到了全国政协和有关部门的采纳或积极回应。

2004年，我在《关于加强北京奥运会与上海世博会互动的建议》中提出，北京奥运会和上海世博会都是大型国际性活动，有许多共性特点，而且时间上比较接近，有必要、也完全有可能在运作上进行有效合作。在次年全国政协十届三次会议上，全国政协副主席张怀西在提案工作报告中，给予充分的肯定。张怀西在报告中说，《关于加强北京奥运会与上海世博会互动的建议》，积极推动北京奥运会组委会与上海世博会工作机构的联系，加强了双方高层及工作层面的交流。

德力西实践“卓越绩效模式”标准，荣获了全国质量管理奖。我深感这个奖项是引导和激励企业关注产品、服务质量，进而关注企业的经营质量和持续发展的系统方法，体现了现代经营管理最先进的理念和方法，对提升我国企业竞争力非常有帮助。为此，我于2006年提交了《关于把全国质量管理奖提升为由国务院总理颁奖的国家政府奖的建议》。后来，一些省市先后设立了政府奖，对创奖企业给予政策扶持和业务指导，重奖获奖企业。2013年，我国设立中国质量奖，作为我国质量领域的最高荣誉。同年12月16日，时任国务委员王勇出席仪式，并为获得首届中国质量奖的组织和个人颁奖。

自 2008 年 12 月 15 日海峡两岸实现“三通”以来，大陆机场陆续开通直航台湾航线，温州与台湾隔海相望，却迟迟未能纳入两岸空运直航点，这一点温州群众意见很大。2011 年，我提交《关于将温州列入两岸空运直航点的建议》，认为温州和台湾地缘相近、血缘相亲、语言相通、习俗相似，将温州列入两岸空运直航点，必将大大方便温台往来，可以大大降低台资企业的商务成本，有力推动台资企业的迅猛发展，也有利于促进温州企业到台湾投资发展。有关部门从善如流，仅仅三个多月后，温州就被列入海峡两岸直航新航点，第二年温台两地间就开通了首条直航航线，飞行时间不到一小时，大大拉近了两地人民的距离。

## 教育关乎未来

“百年大计，教育为本”是我国改革开放之后提出的一句不胫而走的口号。它正本清源，引领了举国上下对教育的重视，极大促进了中国教育乃至中国经济社会的发展。我青少年时期无奈辍学，虽然后来接受过多次深造，但始终无法弥补当初的遗憾。所以教育事业是我一直高度关注的领域，除了援建希望小学、资助贫困学生的企业慈善工作，通过两会平台为教育、为学生发声也是我的履职重点之一。

1999 年，中国高校启动扩招计划，当年招生总数比上一年增长 47.4%，此后几年扩招增幅都在 15%—20%。四年后的 2003 年，当首届扩招的本科生进入找工作阶段时，全国的就业形势开始严峻，“把高校毕业生就业摆在就业工作的首位”开始成为国务院文件的常见表述。

2004 年两会期间，我以“创造就业机会是民营企业的应尽责任”为题提交政协提案，一方面呼吁广大民营企业“把扩大就业作为自己义不容辞的社会责任”，另一方面也建言国家在产业结构调整、经济发展模式转换的过程中要特别重视“就业容量”的问题，各地政府不要排斥能创造大量就业岗位的制造业。2010 年，我再次递交提案，呼吁加强高校与民企的沟通与协作，提升大学课程的实践比重，培养适销对路型人才，政府也要为到民企工作的持有“居住证”的大学生提供市民待遇，同步解决大学生“就业难”与民企“招工难”问题。

2005 年，我看到教育部的统计数据，说全国有贫困大学生 405 万人，还不包括民办学校、独立学院、分校以及高职高专，估计总数超过 500 万人。在一些中西部高校，贫困生总数超过 30%，特困生超过 10%。许多贫困大学生的月生活费在 150 元以下，有些孩子连早饭都吃不起。我感到非常痛心，于是在第二年两会上提交了《鼓励和引导社会力量帮助贫困大学生》的建议。

我认为，贫困大学生主要来源于老、少、边、穷地区和城市的贫困家庭，生活上的压力极大地影响了他们在校的正常学习，使他们的学习成绩难以和其他同学相比；而经济上的拮据也影响了他们通过多种途径提高其综合素质。这些大学生在就业时又面临比一般学生更多的困难，这种因家庭贫困而影响子女正常成长的现象是社会不公平的重要表现之一，对于构建和谐社会是一个巨大的挑战，必须引起全社会足够的重视。

为此我建议：一是动员社会力量帮助高校贫困生顺利完成学业，建立帮困助学的长效机制；二是引导企业和个人在高校设立专门面向贫困生的奖学金或助学金；三是在税收政策上鼓励企业和个人对高校贫困生的捐助，企业捐助可以按照一定比例在税前列支，个人捐助者可以按照一定比例抵扣个人所得税；四是引导企业设立勤工助学岗位，专门提供给大学三年级以上和研究生二年级以上贫困学生实习，适当提高实习补贴；五是加快专门针对贫困大学生的立法进程。

2007 年 5 月，国务院公布了《关于建立健全普通本科高校高等职业学校和中等职业学校家庭经济困难学生资助政策体系的意见》，决定从 2007 年秋季学期开学起，进一步建立健全我国家庭经济困难学生资助政策体系。6 月，财政部、教育部等有关部门连续下发了 8 个配套实施办法，大大改善了高校贫困生的境遇。

# 来往之间见诚意

## 一封感谢信

2004 年 6 月，一家国际知名的电气企业在阿根廷的控股公司向当地政府提出了对原产于中国、出口阿根廷的断路器进行反倾销调查的申请。同年 10 月 28 日，阿根廷经济和生产部工业、贸易和中小企业总司作出决议，决定对我国断路器产品进行反倾销调查。这一决定影响到温州二十多家企业的产品出口，我们聘请了全球最好的会计师事务所和律师事务所参与应诉，跟他们打了 18 个月的官司，最终以完胜告终。

总结这次跨国官司的经验，我在 2005 年提交了《建立贸易壁垒应对体系的建议》，认为随着我国产品竞争力不断上升，一些国家利用反倾销、贸易保护、知识产权保护等多种市场准入限制，抑制中国产品的出口，发达国家的贸易壁垒严重制约我国企业出口贸易和对外投资的发展。

我国有大量的中小民营企业，他们对国际市场情况不熟，信息不灵，缺乏有国际化经营运作经验的人才，在遭遇贸易壁垒时往往十分茫然，非常需要政府部门的扶持帮助。为此我建议，一是建立贸易壁垒的预警和快速反应机制，政府有关部门和我国驻外机构，一旦发现国外有针对我国出口产品的反倾销或贸易壁垒动向，尽快向有关企业发出预警；二是建立与国际接轨的标准体系，跟踪全球标准化的动向，及时制定和调整国家标准，使国家标准与国际标准对接，提高认证水平和国际信誉，争取签订各种类型的多边和双边互认协议；三是指导企业加强技术创新，帮助企业从低价策略转移到技术创新策略，开发具有自主知识产权的产品，摆脱靠“价格战”取胜的局面；四是鼓励和支持企业通过参股控股、收购兼并、合资合作等多种途径跨国经营，避开发达国家的贸易壁垒；五是支持、鼓励企业参加反倾销应诉，做好信息服务和业务指导工作，对出口企业的应诉费用予以适当补贴。

不久以后，有关部门高度重视，建立完善了贸易壁垒预警体系，建立政府和有关机构及企业的联动机制，推动建立与国际接轨的认证体系等，提高了企业应对贸易壁垒的能力，商务部还专门给我写了感谢信，说我的提案促进了商务部业务水平的提高。

## 从“减灾”到“应急”的跨越

2003 年我第一次参加全国两会的时候，提交了一个《加强综合减灾工作，保证城市安全》的提案。关注这个问题主要是受到美国“9・11 事件”的触动，考虑到城市人口密集、财富密集，生态系统脆弱，一旦发生灾害事故，破坏性巨大。

我认为当时我国城市减灾工作的不足主要表现在几个方面：一是重心后倾，重救轻防。从科学上讲，这属于治标而不是治本，减灾的效益必然很差。二是对“天灾”与“人祸”的防范是相互分离的。例如，洪涝是天灾，而抢劫是人祸。但实际上前者与后者往往会相伴而生，地震等灾害发生时，不法分子最容易趁火打劫。三是对灾害事故防、救的各个环节是分离的。例如，各个城市的地震预报由地震局负责，地震发生时的救护由民防、消防、医疗部门负责，灾后救援与恢复由民政部门负责。这种分工当然有利于明确责任，但在实际操作时往往造成各部门之间界限不清，并导致资源的惊人浪费。据我所知，较大城市中的防洪、地震、消防、民防、公安等都要建立一套信息管理系统，而功能其实大同小异。四是对各个灾种的防、救是分离的。例如，消防部门负责救火、防洪部门负责防洪排涝等。但实际上，一种灾害发生时往往会衍生出其他灾害，比如地震很容易导致火灾，洪涝会导致山体滑坡等等。

为此我建议：第一，要切实改变重救轻防的局面，树立新的减灾指导思想，在中小学中开设防灾救灾选修课程，通过各种媒体开展全方位的减灾知识宣传，每年设立一个减灾宣传周，编写《市民常见灾害事故应急自救手册》等。第二，对减灾工作进行统一领导，这是进行综合防灾的核心，各城市可设立一个城市综合减灾领导小组，并设立相应的专业委员会，如“防火安全委员会”“防震抗灾委员会”等，一旦发生大的综合性灾害，减灾领导小组可以综合调度全市的人力物力，实现快速反应。第三，对减灾的信息资源进行整合，每一个城市建立一个灾害事故管理的综合信息网络，与各专业减灾部门信息子系统相沟通，形成完备的减灾信息系统，专门的减灾职能部门甚至普通市民都能够共享这个信息。第四，建立多层次的减灾队伍，第一层次是专门队伍建设，将城市消防队逐步建设成为全市综合抢险救灾的专门队伍；第二层次是专业队伍建设，建立或加强诸如核化救援、医疗救援等专业性很强的救援队伍；第三层次是群众队伍建设，可考虑建立按社区或企事业单位进行组织、以各单位或小区的保安人员为核心的防灾救灾志愿者队伍。

有关部门对我的这份建议非常重视，认为提案“符合我国的实际情况，具有较高的参用价值”，“很具针对性和建设性，将有利于促进所提出问题的解决”。在政府的主导下，有效地整合社会资源，开展广泛的社会宣传，强化专业力量建设，形成灾害防范和应急响应机制，是世界各国的通行做法。

2018 年 3 月，十三届全国人民代表大会第一次会议批准国务院机构改革方案，设立应急管理部，公安消防部队、武警森林部队转制，与安全生产等应急救援队伍一并作为综合性常备应急骨干力量，由应急管理部管理。

国家应急管理体系的建立，与我当初有关城市减灾体系的一些初步设想相比，无疑是一个质的飞跃，这其中必然汇聚了来自政府、研究机构、代表委员乃至普通群众的海量经验和智慧，我为自己能在这项重大改革的推进过程中贡献过点滴价值而深感自豪。

## “云”听会，最高法“秒回”

2020 年的全国两会，因为疫情影响史无前例地推迟了两个多月，随之而来的有很多新变化。比如会期缩短一半，代表、委员不能离开住地，上会记者大幅压缩，媒体采访大多通过视频……

包括以往国家机关派员旁听代表委员小组讨论的安排，也与时俱进改为了“云听会”。

发言代表、委员的桌面上，多了一部小三脚架支起的手机，国家各部委工作人员就是通过这个，在线旁听代表委员讨论发言。这一非常时期的非常之举，并没有阻碍国家机关与代表委员的沟通效率。

5 月 27 日上午，我在浙江代表团第三小组审议最高人民法院工作报告时，建议针对扰乱市场秩序犯罪、生产假冒伪劣产品罪、侵犯知识产权罪等涉企侵权犯罪加大罚金和徒刑适用力度，当晚就收到了相关部门发来的感谢信，表示对该项建议高度重视，将在今后的工作中认真研究。

像我们这些从事制造业的人，向来对抓质量、创品牌无比重视，对假冒伪劣、侵犯知识产权等不正当竞争和违法犯罪行为深恶痛绝。早在 2003 年，我就提交了《加强企业名称权保护》的提案，有关建议也被相关部门所采纳。

2005 年，我再次提交《积极推进民营企业知识产权工作》的提案，认为我国民营企业知识产权工作还面临着意识不强、人才缺乏、组织薄弱、信息不通等问题。为此，我提出支持和鼓励民营企业建立知识产权组织，加强对民营企业领导人和知识产权专职人员的培训，重点引导和帮助著名（驰名）商标的国际保护等五个方面的建议。相关部门很快做出回应，表示将建立示范区，加大对民营企业知识产权工作的支持力度。

2018 年，我当选全国人大代表的第一年，又提交了《加强驰名商标保护》的建议，认为发展社会主义市场经济，必须维护公平竞争的市场环境，完善驰名商标保护制度。现行的驰名商标保护法律及制度在实践中显现了诸多不足，亟待完善，我建议从认定标准、主动与被动保护相结合、加大违法惩处力度等三方面着手改进。

知识产权保护对创新环境、营商环境的持续优化影响甚巨，近年来已成为我国提高经济竞争力的重要抓手之一。当前国家对于知识产权保护的环境日趋向好，特别是中央《关于强化知识产权保护的意见》出台后，市场监管、公安、司法等相关部门对于企业依法维权的支持力度不断提升。2020 年最高法报告中指出，要加强知识产权司法保护，积极适用惩罚性赔偿制度，加大侵权违法成本，给我们这样扎根实业三十多年、致力打造民族品牌的企业以极大鼓舞。

事实上，随着国家保护知识产权法制体系的不断完善，各级政府和相关执法部门的护企维权力度也日益加大。短短数年间，德力西在公安、市场监管等部门的支持下，累计查办假冒德力西注册商标案 95 件，案值达数千万元，30 人被公安部门刑事拘留，14 人被人民法院判处实刑，极大震慑了不法分子，有力维护了德力西的品牌声誉和客户用电安全。

## 愿高速畅行更“畅心”

“要致富，先修路”，这条朴素真理是中国改革开放以来人民群众的真知灼见。经济的腾飞，确实离不开交通基础设施的跃进。近年来，随着“交通强国”战略的实施推进，我国的高速公路总里程一跃超过 15 万公里，稳居世界第一，为满足国民经济发展和群众美好生活需求发挥了重要作用。

2019 年 5 月，国务院办公厅又发布了《深化收费公路制度改革 取消高速公路省界收费站实施方案》，以“全面 ETC 化”为主要特征的我国收费公路制度改革快速推进，高速公路“一网通行、一路畅通”的美好愿景加速成为现实。

因为时间紧、任务重，高速公路费改过程中也出现了一些问题，比如分段计费不能实时显示、货车由计重收费改为按轴收费后反映成本上升等等，群众关注度高，社会议论也多。为此我在 2020 年全国两会上专门提交了一份建议，呼吁“优化高速公路费改政策，减轻社会通行负担”。

交通运输部领导对这份建议非常重视，会议期间就跟我取得联系。5 月 28 日十三届全国人大三次会议闭幕后，交通运输部公路局负责人专程到我们驻京办，当面就我建议中提到的有关情况进行说明。

比如“ETC 实时费显”的问题，这位负责人表示该情况在年初撤站转换磨合初期有一定程度的存在，后来经过系统升级、政策优化、提升服务，问题已经基本解决，5 月 6 日恢复收费后，系统运行平稳，路网运行顺畅。目前全国 ETC 车道“费显”已实现全网部署，全部“点亮”。417 家合作银行已按照统一模板发送扣费短信，实现了“一次行程、一个账单、一次扣费、一次告知”。我高兴地对他说，看来交通部的办事效率也是跑在“高速公路”上，实际行动比我的建议提交快了一步。

在建议中，我认为“提效降费”是改革方案明确的原则之一，应予以严格落实。为此提出了三项建议：一是用好用足“互联网+”，搭建线上模拟路网，让群众明明白白知道走哪条路、花多少钱；二是“开门议事决策”，弄清楚收费到底涨没涨，对费改后的地方收费标准要有评估，不合理的要及时调整；三是细化施政，推行错时收费，降低企业和群众通行成本，特别是客运和物流企业，防止通行成本传导到社会其他环节。

相关部门表示，“搭建线上模拟路网”一事正在逐步推进，客车通行费线上预估已经实现，货车通行费估算功能正在测试和完善；评估收费标准合理性一事，将会同有关部门、协会和单位，“加强对各地收费公路收费标准的动态跟踪评估和监督管理工作，确保通行费收费标准符合相关法规规定和深化收费公路制度改革的要求”；分时段差异化收费一事，多省份已有相关试点，下一步，将结合代表建议，继续指导各地结合实际，不断优化完善高速公路差异化收费。

关于货车的收费标准，相关部门也提供了一组数据。新的收费标准是以2018年度和2019年度高速公路实际通行货车的加权平均车货总重为平衡点，在此基础上，以邮政、快递和危险化学品等轻载运输车辆为底线，进一步下调平衡点，确保每类车型车货总重大于平衡点车辆的应缴通行费不高于计重收费，且受益频次不小于60%。据初步测算，在同等交通量条件下，相当于全年货车通行费整体下降了11.6%。

该部门表示，全国高速公路联网收费系统目前运行总体平稳，但由于系统复杂，运行中难免出现新的问题。目前已成立三级联动的技术保障、投诉处理和保通保畅运行机制，随时处理各类问题，不断提高服务保障水平，切实维护公众合法权益。

全国两会不光是代表、委员建言献策、畅所欲言的平台，更重要的是推动问题解决的平台。代表委员们肩负着传达群众愿望与呼声的重任，每个建议、提案都凝聚了对各种现实问题的看法与建议，件件有回音、事事有着落，才是两会机制的关键。

在担任全国政协委员、人大代表的十多年里，我有一个很直接的感受，就是国家机关、相关部门对代表委员的建议、提案越来越重视，反应、反馈的速度越来越快，回复越来越认真、翔实。我的一些建议牵涉面很广，多的时候有四五个部委共同参与研究、斟酌，给予答复。能落实的事情很快就能付诸行动，条件不具备或者另有隐情的，也会坦率沟通，做好解释说明工作。

代表委员直言不讳是“诚”，承办部门实事求是也是“诚”，两会制度作为中国特色社会主义民主政治的鲜明特色之一，其优越性和生命力就在这往来互动之间体现得淋漓尽致。

# 附录一：胡成中全国两会文稿选编

## （一）着力打造中国先进制造业

——在全国政协十届二次会议工商联、民建联组讨论会上的发言

2004 年 3 月 4 日

我就打造中国的先进制造业谈谈自己的想法。

中国的制造业必须要有自己的品牌，自己的技术。中国的制造业现在处于加工阶段的比较多，也就是打工经济。现在 ABB、西门子、施耐德等创设了近百家企业，涉及我国六大电器基地的国有企业。原来国有的六大电器基地：上海、北京、沈阳、天水、遵义、佛山，而温州的民营企业生产的中低压电器占了半壁江山。国外企业有品牌、技术、全球网络优势，国内民企有成本优势、区域网络优势等。我曾经到日本、德国走访了一些企业，他们的自动化程度比较高，能增加税收，就是不能很好地解决就业问题，也就是劳动力成本高。这也就出现了制造业向中国转移的现象，而国内民企，有成本优势、区域网络优势。我们要从与狼共舞，提升到领狼齐舞。

要打造中国的先进制造业，中西部、长三角、珠三角、京津经济带、东北老工业基地要发挥互动优势。东北工业基地有人才优势、区域优势，缺乏的是机制，而民营企业有网络优势、机制优势及资金和品牌优势，如果让民企参与国企改革，就可以实现优势互补。在与西部合作中，德力西对“互动优势”做了成功的

尝试。德力西与西安高压电器研究所合作，生产11万伏—22万伏高压电器，价格上比国外同类产品低20%—50%，产品已应用到青藏铁路，而过去这些产品是依赖国外进口的。这说明我们民企的产品已进入重大装备领域。

目前，德力西与上海电科所、西高所、大专院校合作，成立博士后科研工作站，在德国成立了研发中心，近年来获得专利近百项。酒泉卫星发射中心采用了德力西的产品，在参与招投标的中外企业中，德力西是靠技术获得了优势。打造中国先进制造业，必须开发有自主知识产权的产品，加快技术升级，否则我们就站不住脚、走不出去。

在调整产业结构方面，企业要走社会化、专业化协作之路，要形成生态产业链体系，我们必须掌握研发体系、生产网络、营销系统，不是有了工业园区就认为自己形成了产业链。

打造中国先进制造业的目标是五个国际化：市场国际化、品牌国际化、技术国际化、生产国际化、人才国际化。“德报人类，力创未来，赶超西方”，这就是我们德力西的主题理念。

## （二）中小制造企业的困境和出路

——在全国政协十一届五次会议第二次全体会议上的发言

2012 年 3 月 9 日

我发言的题目是“中小制造企业的困境和出路”。

目前，国家经济平稳发展，但制造业增长却在持续放缓，特别是以民营经济为主的中小制造企业，利润严重下滑，亏损面日趋扩大。

近年来，原材料价格持续上升；用工荒日趋严重，最低工资年递增 15% 以上；融资难、融资贵问题突出，只有 10% 的中小制造业企业能够得到正常贷款，商业银行普遍提高了承兑汇票保证金份额，使实际利息增加近一倍，民间融资成本更是银行基准利率的四倍以上。加上为职工缴纳约 40% 的“五险一金”等，企业生产成本越来越高。特别是中低端制造企业，去年经营成本比前年增加近 30%，而产品价格并没有相应的上升空间。一些企业主感叹：起得最早，睡得最晚；麻烦最多，快乐最少；干得最多，赚得最少。温州一个千来名工人的企业，苦干精算，一年利润刚百万，而该企业老板的妻子在上海买 10 套房子，8 年后轻松获利 3000 万。不少靠实业起家的企业家，现在只把企业作为融资的平台，实业空心化、资本投机化、资产泡沫化的状况日益严重。去年 4 月份以来，温州老板因资金链断裂而“跑路”的不下百人。据浙江省统计局公布的数据，去年上半年，浙江省有 14447 家中小企业倒闭注销。

中小企业是孕育大企业的摇篮、就业的主渠道、科技创新的主平台、保持经济活力的主源泉。制造产业基础不牢，民本民生很受影响。

中小制造企业的根本出路在于自强自立。要相信，困难只是暂时的，心无旁骛干实业，坚定不移促转型，依靠做专做精做特，不断提升核心竞争力。

在企业积极应对的同时，政府及相关部门也要采取有力措施，优化企业的生存环境，帮助企业共克时艰。为此建议：

一、金融机构“放水养鱼”，与企业共进退。我国银行的存贷利差超过3%，远高于西方国家的平均水平，人均净利润为工业企业的12倍以上。金融业只有与制造业相互促进，才能取得双赢。银行要降低贷款利率，控制上浮空间，不强制性搭配理财产品和强制性留存存款余额，优化贷款结构，增加中长期贷款占比，支持制造业技术改造和转型升级。

二、政府转变职能，变管理为服务。政府机关管得还是太细，程序多，关口杂。如一个建设项目，从选址立项到建成投产，最快也要五年以上。政府要从管制型、审批型转向服务型、报备型。要改进行政审批，简化流程和手续，避免重复申报和鉴定；大力推行上门服务、一条龙服务、绿色通道服务，特别是对中小制造企业转型升级项目，实行急事急办；落实政务公开、首问负责、限时办结、责任追究、服务对象评分等制度，严查行政不作为、慢作为等行为，创造更好的发展环境。

三、大力减税清费，为制造企业减负。中小企业的实际税负普遍超过利润的30%，除法定的税费之外，还要承担依靠行政影响力下达的会议费、协会费、评比费、捐款赞助和订阅报刊等，负担很重。要大刀阔斧地减税清费，通过直接减免、降低税率、加速折旧、放宽费用列支、再投资退税以及税收减免抵销企业增加的劳资成本等多种形式，让减免税政策惠及中小制造企业。坚决取消不合理的涉企收费项目，降低过高的收费标准，加大监督力度，切实减轻企业负担。

四、打破行业垄断，开放民营银行。民营制造企业融资渠道狭窄，投资渠道也狭窄，导致生存发展空间狭窄。非公经济两个“三十六条”振奋人心，但政府部门还要抓紧制定实施细则，拓宽制造企业的产业发展空间，放开民间资本进入金融领域的渠道。民营企业与民间金融是孪生兄弟，民营中小企业的融资问题只能靠民营的中小型银行解决。目前全国估算有几万亿的民间资本没有很好地用于实业发展，而在炒房、炒煤、炒金银、炒书画古董。要突破清规戒律，发展民营银行和专营贷款机构，“收编”民间资本，解决中小民企融资难问题，并通过竞争拉低贷款利率，形成实业发展与民间资本的良性循环。

## （三）为反腐立法点赞叫好

——在第十三届全国人民代表大会第一次会议浙江代表团审议《监察法（草案）》的发言

2018 年 3 月 13 日

今天讨论《监察法（草案）》，我为制定这个法案点赞叫好。下面，我谈几点感想。

一是深化认识。粗粗一看，《监察法》与我们普通百姓的关系不大，这几年纪检力度很大，成绩有目共睹。但腐败分子这么多，也说明另一方面的问题。《监察法》的出台就是针对这个问题进行标本兼治的长效机制。这是全国人民政治生活中的一件大事，与老百姓关系重大。《监察法》的制定，表明我国的反腐败工作从党内扩展到党外，成为国家行为。建立集中统一、权威高效的反腐败体制，赋予监察机关更加有效的监督方式，同时把监察对象由原来的行政机关工作人员，拓展到所有的行使公权力的国家公职人员，实现监察全覆盖，这个举措非常好！

当前，我国正处于转型时期，社会利益冲突加大，各种无良行为大量发生。“大老虎”打掉了，但是“苍蝇”还很多，一些行业还有“潜规则”，七站八所仍设关卡，行政处罚还定指标，正常办事还要求人送礼，人民群众深为痛恨，严重损害党和政府的形象。过去，监察机关定位不准，监察对象范围过窄，监察手段有限，没办法铲除滋生苍蝇的土壤。现在进行监察体制改革，表明我们党和国家对腐败行为零容忍、无禁区，“大老虎”无处逃，“小苍蝇”也没法活，这对于全面推进依法治国，落实全面从严治党，全面深化改革，具有非常重大的意义。

二是深得人心。十八大以来，反腐力度不断加大，大小“老虎”纷纷落马，人民群众拍手称快。现在又加强国家监察制度的顶层设计，反腐败关口前移，从行政监察变为监察行政，反腐败的力度和效果必将大大加强。

对《监察法》我特别注意两个方面，一是对一把手的监督。一把手权力很大，因此就成了被拉拢被腐蚀的重点对象，同级纪检实际上无法监督。《监察法》规定各级监察委员会由本级人民代表大会产生，监察机关依法独立行使监察权，解决了我们担心的问题。二是纪检监察队伍的自身建设。广东省一个市纪委纪检员，被媒体称为“疯狂 80 后”，利用查办案件之机，43 天就非法敛财一千多万元，令人触目惊心！相对于一般的“靠山吃山，靠水吃水”式腐败，纪检人员的腐败危害更大。武松有病，怎么打虎？肯定虎患成灾。造成的连锁反应和影响更加恶劣。中纪委有一个材料，2015 年到 2016 年间，全国履行监督责任不到位被问责的纪检干部达 4800 人，其中纪检书记、纪检组长 3600 名。大家都当好人，监督责任落实不力，无疑会对政治生态造成严重破坏。《监察法》专章规定对监察机关和监察人员的监督，着力建设忠诚干净担当的监察队伍。打铁还需自身硬。纪检监察一身正气，执纪执法才有底气。想要管好公职人员，先要管好监察队伍，刀刃在向外的同时也要向内，《监察法》这一点定得非常好！

三是深受鼓舞。习近平总书记强调：“自然生态要山清水秀，政治生态也要山清水秀。”政治生态出了问题，就会人心涣散、歪风滋长、弊病丛生、价值观扭曲、正义感缺失，到处吃拿卡要、办事拖沓，我们怎么办企业？经济社会就会成了畸形状态；政治生态好了，就能扶正祛邪、激浊扬清，营造公平公正的发展环境，激发市场活力和增长潜力。对此我们深有体会。前段时间，我们在温州有一个环保项目，仅跑一次就完成审批。在过去，办这样的审批手续得跑个几十次，没个一两年办不了。现在工程进展很快，我们干得很顺心。政治生态，是经济持续健康发展的根本保证。党和国家强力正风反腐，拔烂树、治病树、正歪树，大森林必定生机勃勃。通过营造一个政府清廉、政治清明、社会清淳的政治生态，形成不敢腐、不能腐、不想腐的政治氛围，必定会使我们的营商环境大为改善，人民生活更加美好，中华民族的伟大复兴更加充满希望！

## （四）制定外商投资法是深化改革开放的重大举措

——在第十三届全国人民代表大会第二次会议浙江代表团审议《外商投资法（草案）》的发言

2019 年 3 月 10 日

我就外商投资法草案有如下三点审议意见。

第一点，我非常支持制定《外商投资法》，对草案的内容我表示赞同。为什么？经过最近一段时间对草案的认真研读，我深感制定《外商投资法》是深化改革开放伟大精神的重大举措。这是适应改革开放新形势的需要，是推进制度性开放的需要，是坚定外商投资信心的需要。

《外商投资法（草案）》立法科学，非常成熟，这部法律充分体现了科学立法、民主立法、依法立法。草案有三个特点：其一是体系清晰，内容简洁。其二是定位明确，开放度高。其三是注重平衡权利义务，回应各方的关切。这部法律的颁布实施，对扩大对外开放、促进外商投资起到了推动的作用，是不可估量的。

第二点，这部法律的价值已经得到温州和我们德力西发展历程的实践检验。自 1984 年温州被列为首批 14 个沿海开放城市之一，温州不仅在民营企业上发力，也大力引进外资、利用外资，借助外力驱动内力，提升竞争力，构筑全面开放的新格局。2018 年全市实际利用外资 5.3436 亿元，外资增长率、完成率居全省第一，并创温州市最近 11 年的外资总量新高。

1984年我们创办了德力西，对外资也深有体会。12年前，我们与世界巨头施耐德电气按照股权的方式，合资成立德力西电气公司。当时社会上议论纷纷，有人说我“引狼入室、引清兵入关”“羊爱上狼”，最后一定会被狼吃掉的。说实话，我那时候也有点担心，所以在谈判的过程中是寸土必争，一共谈了十几个月，协议整个叠起来比人还高，我们两个人盖章都盖了两天。批下来也是花了一年多的时间，因为那家公司原来是电气全球的老大，所以西门子、ABB份额是没法比的。去年在中国，整个利润都100多亿，研发投入一年100多亿。现在我们这个行业形成了三足鼎立，外资是施耐德最大，内资是另一家公司最大，合资是我们最大。所以这样竞争是非常良性的，三家公司发展都比较好，占现在中国国内市场大概70%。

现在我们合资后，情况是非常好。合资公司年销售额每年都是两位数的增长，我们又学来了世界强企的先进管理技术，出口大幅度增加，海外业务覆盖了60多个国家。扩大对外开放，大力引进外资，这个举措非常英明。一定会加速我们与全球经济的对接，推动企业转型升级做强做大。

第三点，这部法律的颁布实施，我还有两个建议：

一是成长型的民营企业政府要加大力度支持，《外商投资法》颁布实施后，新一轮的外商投资将涌入中国国内市场。部分外商掌握先进的技术，尤其是高端制造业，他们占据着价值链的高科技的制高点，在市场竞争中占据绝对的优势，可能会对国内的同行和民营企业产生重大的冲击，影响行业的健康发展，甚至会阻挡了他们的上升通道。对此我也有一些担忧，我觉得对一些有重大战略意义以及国家经济安全的民营企业，政府要未雨绸缪，加大扶持力度。

二是要防止地方政府过度的优惠，形成新的不公平的竞争。《外商投资法（草案)》的第18条规定，地方各级人民政府可以在法定权限内，制定外商投资的促进政策。从市场的公平竞争来看，我国的外商投资政策已统一。地方可以采取提高行政效率、改善公共服务的措施。如果地方政府拥有的政策权限过大了，很可能发生各地政府的政策优惠的招商竞争。现在一些地方政府为了发展经济，很热心于招商引资，很有可能出台比民营企业更加优惠的政策，形成新的不公平。地方政府在制定外商投资促进的政策时也要注意这个问题。因此我认为，对此条的法定权限，还要做进一步的立法解释。

我的审议就到这里，谢谢。

## （五）关于维护外出务工农民利益　取消春运价格上浮的建议

——提交全国政协十届三次会议的提案

2005 年 3 月 3 日

每年春节期间，运输部门都会提高客运价格，以火车票价为例，近几年票价上浮的幅度为硬座 15%，其他席别 20%。至于长途汽车客运票价，部分地区上浮的幅度达到 50%—100%，时间在节前节后共达 40 天。

运输部门春运期间涨价的初衷是为了“削峰填谷”，即运用价格杠杆调节客流量，但这个理由并不充分。按照经济学的原理，票价对春节期间的乘客缺乏弹性，甚至根本没有弹性，因为那些高收入者会选择乘飞机或自驾车出行，没有急事的人也不会在这个时候去坐十分拥挤的火车或汽车，唯有那些在外务工的农民不得不乘火车或汽车回家。在外务工者往往都是一家之主，他们回家不仅因为要安慰妻儿老小，而且要安排好未来一年的生产与生活，无论票价怎么涨，他们都必须赶回去。所以，价格杠杆调节了这些低收入人群，显然是不公平的，理应取消票价的上浮。

当然，取消票价上浮对运输部门的收益会带来一定的影响。首先，火车在春运期间的“单边性”特点明显（节前客流由发达地区指向内地，节后客流由内地指向发达地区），而春运期间又加开许多临时列车，这势必会大大提高返程列车的空驶率；其次，“停货保客”的损失也是显而易见的，因为为了增加客运能力，春运期间铁路部门停开了大量的货车；另外，铁路部门为了应付春运高峰，需要投入比平时多得多的人力物力，势必提高铁路运行的成本。如果取消票价上浮，就会打击铁路部门的积极性，从而造成运输供给的减少，加大供需矛盾，必须对这些影响有一个妥善的解决办法。

为此提出如下建议。

第一，铁路客运作为自然垄断行业，不适合用价格杠杆调节市场，应立即取消春节期间的价格上浮惯例。

第二，公路客运是一个近似于垄断竞争市场的行业，可以允许其价格在较小范围内上浮，但交通管理部门要严格检查，对违反价格上限的运输企业给予严厉处罚。

第三，通过政府财政或其他手段对铁路部门取消价格上浮的损失进行适当补贴。可以引入第三方对春运期间铁路部门收益增加和减少部分进行综合论证，作为决策的依据。

第四，依法办事。有些人提出每年对铁路运输实行价格听证制度，但这样做决策成本太高，所以应在科学论证的基础上以法律法规的形式固定下来，2000 年 11 月原国家计委《关于部分旅客列车实行政府指导价有关问题的批复》可根据新的论证结果予以修改或废除。

党和政府十分重视“三农”问题，一些地区通过减免农业税等政策来减轻农民负担，增加农民收入，取消春运票价上浮的措施，能为每年节前回家和节后出门的务工农民每人减少数十到上百元的负担，这一措施见效明显、迅速，一定深得民心。建议有关部门在全面调研的基础上，科学论证，为老百姓办好这么一件切切实实的大实事、大好事。

## （六）关于缩小人民币存贷利差　大力支持经济发展的建议

——提交全国十一届政协二次会议的提案

2009 年 3 月 3 日

目前，我国人民币存贷利差水平，位居世界前列。20 世纪 90 年代初期，为支持国有企业解困，商业银行多数年份的存贷利差小于1%。后来，在银行业的商业化转型中，为化解巨额不良资产，我国逐步扩大了人民币的存贷利差。现在中国的金融业已走出困境，步入稳定发展的轨道，但仍保持较高的利差。目前一年期存款利率是2.25%，一年期贷款基准利率是5.31%，一年期利差达3 个百分点以上。国内储户大多是活期储蓄，活期存款利率仍为0.36%，国内银行业的实际业务形成的利差达到了 4—5 个百分点。据知名咨询公司波士顿曾发布的《银行业价值创造报告》显示，与世界发达国家相比，人民币的存贷利差比国外高 14 倍。这么大的利差，使中国银行业坐拥巨额利润。以温州乐清市的银行业为例：乐清市有工、农、中、建、交通、中信、浦发、兴业、温州商业银行、农村合作银行等 10 家，在全市各地共设机构 150 个，员工 2630 人。截至 2008 年 12 月末，人民币存款余额473.88 亿元，人民币贷款余额 398.49 亿元，不良贷款率仅0.71%，不良贷款余额 2.812 亿元，2008 年全年实现利润 19.18 亿元。乐清市是一个经济发达的县级市，2008 年全市财政总收入54.62 亿元，其中地方财政收入 25.07 亿元。仅有二千多员工的乐清银行业的利润，接近于该市的地方财政收入，可见银行业的利润高得惊人。中国银行业的利润来源基本上依赖利差收入。巨大的存贷息差使太多的赢利资源向银行业聚集，在社会资源相对处于某个固定总值的情况下，资源向某个行业过于集中，将意味着其他行业因此而受损。继续实行较大的存贷利差，是保护垄断的做法，也导致商业银行依赖利差，丧失向更高业务拓展的动力，不利于中国银行业参与国际化竞争。为从根本上提高中国银行业的国际竞争力，降低广大企业的融资成本，大力支持经济发展，建议：

一、分期适当降低贷款利率，扩大贷款利率的下浮空间。缩小利差，无非从两方面着手，一是提高存款利率，二是降低贷款利率。在当前的经济形势下，提高存款利率，不利于拉动消费。而降低贷款利息，却是目前非常迫切的工作。在国际金融危机中，中国许多企业面临较大的生存压力，下调贷款利息，减轻企业的融资成本，对企业解困是强有力的支持。而且放水养鱼，也有利于银行业的长期发展，是企业与银行的双赢行为。同时，降低贷款利率，改变老百姓的消费观念，刺激群众购房、购车、购买家电等，也有利于拉动消费，扩大内需。因此，中央银行要根据我国当前经济形势，分期逐步降低贷款利率，缩小人民币存贷利差。

二、鼓励银行发展中间业务，提高非利息收入水平。国际上商业银行的中间业务收入一般占总收入的40%—50%，有的银行甚至达到70%；而中国银行业长期以来过于倚重传统的信贷业务，大部分银行非利息收入占比不到10%，占比最高的银行也不到30%，存在着较大差距。因此，我们在缩小存贷利差的同时，要创新发展模式，出台政策，全面发展中国银行业的投行业务、代理业务、资信调查、资产评估、个人理财等中间业务，提高银行中介的运营效率与专业化水平，推动商业银行的业务创新和转型升级。

三、商业银行要承担更多的社会责任，为经济持续稳定增长做更大贡献。特别是目前金融危机的形势下，商业银行要增加信贷资金的有效投放；在发放贷款时，要控制上浮空间，扩大下浮空间，让利社会，让利企业，让利老百姓；要建立公平公正的机制，不仅支持国有企业，而且大力支持民营企业、中小企业，为激发群众创业热情，进一步促进地方经济发展发挥更大作用。

## （七）关于加大对民营企业打造先进制造业支持力度的建议

——提交全国人大十三届二次会议的建议

2019 年 3 月 1 日

改革开放四十年，我国制造业规模不断扩大，成为世界制造业第一大国。特别是在改革开放中成长起来的千千万万家民营企业，大多数从事制造业，为中国跻身于世界制造业大国做出了重要贡献。当然，不可否认，与世界先进水平相比，中国制造业仍然大而不强，特别是民营企业，在自主创新能力、资源利用效率、产业结构水平、信息化程度、质量效益等方面差距明显。在过去的发展中，我们民营企业处于艰难的创业阶段，没有条件去冲击世界制造业高地。经过数十年的奋斗，现在已有一批民营企业具有了一定的经济实力和研发实力。历经市场经济的风雨洗礼，中国的民营企业具有顽强的生命力和坚强的斗志。党中央作出加快建设制造强国、加快发展先进制造业的战略部署，非常振奋人心，我们坚决响应，决心大干快上，实现再次腾飞。

国家已经出台许多支持打造先进制造业的政策措施。但由于中国的民营制造企业多数属于中小企业，不少远离中心城市，公共服务设施不够完善，普遍面临“引才难”“留才难”等困难，打造先进制造业最需要的基本条件较差，还需要各级政府和有关部门的特别支持。为此建议：

一、为民营企业创造充足的市场机会。尽管国家推出了许多开放措施，但在各个领域，“卷帘门”“玻璃门”“旋转门”还是不同程度地存在，民营企业还是不能平等参与市场竞争、平等使用生产要素。如在国家重点工程和核心领域的电力系统招标中，招标企业往往优先选用跨国公司的产品。他们以保障可靠性为借口，实际上主要是为规避责任，这样就堵住了民营电气企业向产业链高端领域进军的通道。多年来，国际品牌始终占据电气产业链的高端，我国电气行业龙头企业也只能在中低端市场徘徊。我认为，有关部门单位，要从振兴民族工业、捍卫国家安全的角度，在市场准入、审批许可、经营运行、招投标、军民融合等方面，给民营企业发展创造充足的市场空间。要制定相关配套措施，推动各项政策落地，充分调动民营企业的创新能动性，努力向智能化、高端化转型。

二、支持民营企业在中心城市设立研发机构。设立研发机构投入大，见效慢，智力成本高，大多数民营企业缺乏这种能力。到中心城市设立研发机构，借用中心城市的人力资源、学术成果和工业基础开展科研开发，是一种行之有效的办法。我的家乡浙江乐清是民营经济的发祥地，现在排名前二十位的企业中就有近60%在上海、杭州、深圳等地建立研发机构。研发成果回归乐清，促进了企业和区域经济的转型升级。但企业单凭自身力量到中心城市搞科研开发，难度很大，需要政府部门扶一把。希望城市政府对有意向到中心城市建立研发机构的企业，给予全方位的支持和高效的服务，畅通渠道，帮助解决企业招聘科研人员的入户、医疗和子女入学等问题；地方政府要对人才“不求所有，但求所用”，给予适当的研发补助，对回归的成果根据贡献给予奖励。

三、组织政府部门和专家团队为民营企业提供精准服务。当前，新一轮科技革命和产业变革风起云涌，这一变革恰与中国加快转变经济发展方式形成历史性交汇，这对中国民营企业是极大的机遇，同时是极大的挑战。我们民营企业有跻身世界科技前沿的雄心壮志，但缺乏有效渠道和智力支持。建议政府有针对性地加大支持力度，组织有关部门和科研院所、高校、骨干企业的专家组成服务团队，深入民营企业进行精准服务，引导先进制造重大生产力布局，提供产业发展的规划建议；指导企业对标国际领先技术、关键产品和商业模式解决瓶颈问题；帮助企业引进国外先进技术专利和专家团队，参与国际合作和竞争，努力抢占科技制高点。

## （八）关于加快智慧城市建设　提高疾病防控能力的建议

——提交全国人大十三届三次会议的建议

2020 年 5 月 18 日

智慧城市是运用大数据、物联网、云计算、空间地理信息集成等新一代信息技术，促进规划、建设、管理和服务智慧化的新模式。近年来，我国超过 700 个城市相继开展了智慧城市建设，已经初见成效。今年新春，新型冠状病毒带来疫情暴发，对智慧城市建设进行了一场大考，涌现了许多可贵的经验，但也暴露出不少问题。

此次抗疫中，许多城市利用新信息技术构筑智慧平台，在社会治理、疫病防控、信息传播、生活保障、在线学习、协同办公中发挥了重要作用。他们通过对接移动运营商以及互联网，运用云计算、大数据分析技术，全面排摸梳理相关信息，提前预警，科学管理，精准施策，联防联控，实现“早发现、早隔离、早诊断、早治疗”，掌握了阻击疫情的主动权。以“健康码”为代表的数字防疫手段，从浙江、上海等发达地域开始推广，覆盖全国多地，助力有关部门落地数字化“网格管理”，构建起坚实的防疫战线。一些城市政府启动服务事项“线上办”，事务处理“不见面”；一些企业采用网络视频会议、在线办公平台；一些学校“停课不停学”，推行远程教学，这些都显示出城市智慧化的重大意义。

但在疫情防控中，也暴露了一些城市智慧化水平不高、技术能力薄弱等问题。一是数据实时采集能力不足，一些社区仍然依赖系统填报、网格员登记等传统手段，没能利用物联感知、自动获取等新技术，基层信息化相对落后。二是跨层级运行指挥调度、跨地域物流数据融合、跨系统互联互通、跨部门数据共享、跨业务协同支撑等方面仍然不够。三是数据开发利用水平不高，数据价值没能充分释放。四是数据配套机制不够完善，接口标准、管理规范不统一，各自为政依然严重。五是数据处理能力不强，不能快速利用数据资源形成系统服务平台。这些问题一度导致调度混乱、治理失当的局面。目前，正是需要智慧城市快速发展的紧迫时期。为此建议：

一、抓住契机，全面推进智慧城市建设。本次疫情防控的事实证明，有效运用现代化手段的地方，防控工作就有力有效，相反，就容易出现迟缓低效的梗阻。如疫情中备受关注的物资处理事项，由一家医药物流企业接手后，依靠科技助力，一天之内就建立了一个现代物流系统。又如部分地方以简单粗暴的封村封路来防疫，与网格化管理一对比，社会效果就有巨大差距。因此，经此一“疫”，人们充分认识到一个城市的正常运转必须依赖一个统一高效的智慧平台。2 月 10 日，上海市发布《关于进一步加快智慧城市建设的若干意见》，我认为，时机选择非常恰当。建议各城市充分把握全民抗疫的激情，认真总结经验与不足，发扬成绩，弥补差距，全面推进新型的智慧城市建设。

二、智慧升级，着力打造“城市大脑”。这次疫情防控暴露的智慧城市建设短板，主要是面对突发事件，缺乏整体解决方案，各板块自成系统，互不联通或联通不畅。解决城市“脑梗塞、肠梗阻”问题，必须建设一个统一的智慧网络平台。一些城市已经先行一步，着手构建一个智能管理中枢，人们把它称为“城市大脑”。即建设一个统一数据汇聚和计算的工作平台，把智能管理体系进行全盘化打造。将原本分散在各部门、各系统相互孤立的数据资源，通过互联网快速汇聚、统一分析，深入挖掘应用场景，各领域、深层级、全覆盖，实现统筹、开放、共治、共享。将人脑与智脑系统连接，助力有关机构决策更科学，运转更高效，服务更贴心。

三、生命至上，把保障健康安全放在首位。智慧城市建设工程巨大，不可能一步到位，必须分步实施，但要突出重点，尤其要重视构建高水平的公共卫生防疫体系。一要创新公共卫生防疫监测预警系统，重点建立数字化风险链防控系统、科学权威的公共卫生诊断系统、专家预警支持系统等。二要健全公共卫生防控应急救治体系，从建立快速响应机制、优化重大疫情救治机制、健全物资保障机制、完善网格化联防联控机制等方面切实提升应急救治能力。三要加快数字技术与预防保健深度融合，加大智能诊断、医护机器人应用力度，以数字技术推进分级诊疗，更好满足人民群众的医疗要求。

# 附录二：胡成中全国两会提案、建议目录（2003—2021）

| 全国政协 | | |
|---|---|---|
| 序号 | 年份 | 标题 |
| 1 | 2003 | 关于进一步加强企业名称权管理和法律适用的建议 |
| 2 | | 积极推进扶贫济困工作的市场化和法制化 |
| 3 | | 加强综合减灾工作，保证城市安全 |
| 4 | 2004 | 带领发达地区贫困人口全面奔小康 |
| 5 | | 关于加强北京奥运会与上海世博会互动的建议 |
| 6 | | 创造就业机会是民营企业的应尽责任 |
| 7 | 2005 | 关于对农村贫困人口实施就业扶贫的建议 |
| 8 | | 把急救、自救知识纳入中小学体系教育 |
| 9 | | 关于建立贸易壁垒应对体系的建议 |
| 10 | | 维护外出务工农民利益，取消春运价格上浮 |
| 11 | | 关于积极推进民营企业知识产权工作的建议 |
| 12 | 2006 | 关于在全国建立农民外出务工供求信息网的建议 |
| 13 | | 鼓励和引导社会力量帮助贫困大学生 |
| 14 | | 建议把全国质量管理奖提升为国家政府奖 |
| 15 | | 关于在对外宣传中加强民营经济发展情况介绍的建议 |
| 16 | 2007 | 关于设立民生指标实行开放式监督的建议 |
| 17 | | 关于给进城务工人员享受当地居民同等待遇的建议 |
| 18 | | 关于鼓励企业建立技术工人培训基地的建议 |
| 19 | | 关于加强城市垃圾综合处理科学利用的建议 |
| 20 | | 关于控制普通民众股票投资风险的建议 |
| 21 | 2008 | 关于实行大部门体制加强金融领域混业经营监管的建议 |
| 22 | | 关于适当延长创业板上市公司发行公告时段加强公众与舆论监督的建议 |
| 23 | | 关于大力推行商业地产所有者和经营者的财产保险的建议 |
| 24 | 2009 | 关于优化装备制造业产业链的建议 |
| 25 | | 关于缩小人民币存贷利差，大力支持经济发展的建议 |
| 26 | | 关于大力支持民营企业到境外投资能源矿业的建议 |

续表

| 全国政协 | | |
|---|---|---|
| 序号 | 年份 | 标题 |
| 27 | 2010 | 加强高校与民企的沟通与协作，解决大学生“就业难”与民企“招工难”问题 |
| 28 | | 改变地王频出现象，促进房地产业健康发展 |
| 29 | 2011 | 关于科学规划和有序部署战略性新兴产业的建议 |
| 30 | | 关于以民生指数作为评价经济社会发展核心指标的建议 |
| 31 | | 关于将温州列入两岸空运直航点的建议 |
| 32 | | 关于发挥调控督促职能引导职工收入与企业利润同步增长的建议 |
| 33 | 2012 | 尽快提炼当代中国人的核心价值观 |
| 34 | | 金融业适当让利，支持制造业发展 |
| 35 | | 关于统筹解决农民工住房问题的建议 |
| 全国人大 | | |
| 序号 | 年份 | 标题 |
| 36 | 2018 | 关于保护乐清湾海洋生态环境的建议 |
| 37 | | 关于扶持建筑垃圾资源化再利用行业发展的建议 |
| 38 | | 关于加强驰名商标保护的建议 |
| 39 | | 关于完善贷款保证制度的建议 |
| 40 | 2019 | 关于深化政务改革构建新型政商关系的建议 |
| 41 | | 关于加大对民营企业打造先进制造业支持力度的建议 |
| 42 | | 关于加快推进产融结合支持新材料产业发展的建议 |
| 43 | | 关于坚持股东有限责任制度改善民营企业融资环境的建议 |
| 44 | 2020 | 关于加快智慧城市建设　提高疾病防控能力的建议 |
| 45 | | 关于大力支持国家级智能电气创新中心建设的建议 |
| 46 | | 关于打造芯片强国引领经济高质量发展的建议 |
| 47 | | 关于优化慈善生态提高公信力的建议 |
| 48 | | 关于优化高速公路“费改”政策减轻社会通行负担的建议 |
| 49 | 2021 | 关于进一步加大打击侵犯企业知识产权行为力度的建议 |
| 50 | | 关于加强生物识别信息管理筑牢公民隐私边界的建议 |
| 51 | | 关于压实企业责任　保障“小哥”，群体劳动权益的建议 |

# 附录三：胡成中全国两会履职纪事

## 第十届全国政协委员

2003年1月23日政协第九届全国委员会常委会第20次会议通过，胡成中为第十届全国政协委员（工商联界别）。

2003年3月3日至14日，胡成中出席全国政协十届一次会议，向大会递交了《加强综合减灾工作，保证城市安全》《积极推进扶贫济困工作的市场化和法制化》《关于进一步加强企业名称权管理和法律适用的建议》等三个提案，接受了五十多家新闻媒体的采访。《电器工业》杂志刊发专访胡成中的长篇报道。

2004年3月3日至12日，胡成中出席全国政协十届二次会议，向大会递交了《带领发达地区贫困人口全面奔小康》《创造就业机会是民营企业的应尽责任》《关于加强北京奥运会与上海世博会互动的建议》等3个提案。3月4日下午，在工商联、民建联组讨论会上，胡成中做了题为“着力打造中国先进制造业”的发言。3月6日晚，胡成中接受了中央电视台国际频道“议案提案”系列节目的直播访谈。胡成中在为时12分钟的访谈中，以独特的视角，提出要关注发达地区贫困人口的生活状况，呼吁缩小发达地区贫富差距。3月10日上午，由全国两会新闻组安排，胡成中、张文中、王玉锁、余渐富等四位全国政协委员，在人民大会堂就强强联合、投身光彩事业有关问题，接受记者集体采访。

2005年3月3日至13日，胡成中出席全国政协十届三次会议，向大会递交了《关于对农村贫困人口实施就业扶贫的建议》《关于建立贸易壁垒应对体系的建议》《维护外出务工农民利益，取消春运价格上浮》《关于积极推进民营企业知识产权工作的建议》《把急救、自救知识纳入中小学体系教育》等5个提案，都是关系国计民生的大事。《人民日报》、中央电视台记者就人大会议审议《反分裂国家法》采访胡成中时，他发表了“和平才能发展”的意见。胡成中还就《国务院关于鼓励支持和引导个体私营等非公有制经济发展的若干意见》接受了《21世纪经济报道》《浙江日报》记者的采访。

2006年3月3日至13日，胡成中出席全国政协十届四次会议。他向大会递交了《关于在全国建立农民外出务工供求信息网的建议》《鼓励和引导社会力量帮助贫困大学生》《建议把全国质量管理奖提升为国家政府奖》《关于在对外宣传中加强民营经济发展情况介绍的建议》等4个提案。《人民日报》以“建立民工供求信息网”为题，刊登胡成中的提案。中央电视台对胡成中做了采访，分别在《新闻30分》《今日关注》等栏目播出。

2007年3月3日至13日，胡成中出席全国政协十届五次会议。他向大会递交了《关于设立民生指标实行开放式监督的建议》《关于给进城务工人员享受当地居民同等待遇的建议》《关于鼓励企业建立技术工人培训基地的建议》《关于加强城市垃圾综合处理科学利用的建议》《关于控制普通民众股票投资风险的建议》等5个提案。胡成中认真听取了温家宝总理《政府工作报告》等相关报告，积极参加《中华人民共和国物权法（草案）》《中华人民共和国企业所得税法（草案）》等的讨论，成为各大媒体关注的新闻人物。在接受记者“关注民生”的采访时，他开门见山地说：“构建和谐社会，必须切实解决人民群众最关心的利益问题。各级政府在关注经济指标的同时，要更关注民生指标，注重提高人民群众的生活质量，提升人民群众的幸福指数。”《经济日报》刊登了他对“节能降耗”的看法，他直言不讳地指出，政府应该综合利用经济、法律、行政、税收、舆论监督等手段，进一步抬高环境违法成本，完善法律法规，提高公众对环境治理的参与度。

# 第十一届全国政协委员

2008年1月25日政协第十届全国委员会常委会第20次会议通过，胡成中为第十一届全国政协委员（经济界别）。

2008年3月3日至14日，胡成中出席全国政协十一届一次会议。他向大会递交了《关于实行大部门体制加强金融领域混业经营监管的建议》《关于适当延长创业板上市公司发行公告时段加强公众与舆论监督的建议》《关于大力推行商业地产所有者和经营者的财产保险的建议》等3个提案，《人民日报》《经济日报》等数十家媒体做了报道。

2009年3月3日至3月12日，胡成中出席全国政协十一届二次会议，向大会递交了《关于缩小人民币存贷利差，大力支持经济发展的建议》《关于优化装备制造业产业链的建议》《关于大力支持民营企业到境外投资能源矿业的建议》等3个提案，广受新闻媒体关注。胡成中接受《人民日报》《经济日报》《北京青年报》等多家媒体的采访。

2010年3月3日至3月12日，胡成中出席全国政协十一届三次会议，向大会递交了《改变地王频出现象，促进房地产业健康发展》《加强高校与民企的沟通与协作，解决大学生“就业难”与民企“招工难”问题》等2个提案。这是我国经济在历经全球经济危机后艰难企稳向好后的首次“两会”，胡成中在接受媒体采访时说：“从‘困难之年’到‘关键之年’，我们既面临新的机遇，也面临新的挑战。我们要奋力迎接挑战。”《经济日报》在大会开幕侧记《开启新征程　承载新使命》中报道了胡成中的参会感想。

2011年3月3日至3月12日，胡成中出席全国政协十一届四次会议，向大会递交了《关于科学规划和有序部署战略性新兴产业的建议》《关于以民生指数作为评价经济社会发展核心指标的建议》《关于将温州列入两岸空运直航点的建议》《关于发挥调控督促职能引导职工收入与企业利润同步增长的建议》等4个提案。胡成中以饱满的政治热情，积极参政议政。温总理在政府工作报告中说，要稳步提高职工最低工资，建立健全职工工资正常增长机制，加大收入分配调节力度。胡成中在经济组讨论中认为，总理讲得很好，“国家经济的发展，除了总量的扩张，还应该注重社会福利总量、公众可以享受的福利，提高百姓的生活满意度。而这需要多方合作努力，特别是要改变仅以GDP作为经济发展考核的方法，要以民生指数作为评价经济社会发展的核心指标”。《人民日报》在《分蛋糕：百姓多些，再多些》一文中报道了胡成中的讲话。并指出：“作为企业的经营者，德力西集团董事局主席胡成中委员对劳资关系中，劳动者的相对‘弱势’并不回避。他说，应当建立工资集体协商机制，由此决定职工的工资分配形式、工资水平、工资增长幅度，努力改变工资增长由企业单方决定、职工收入在企业利润分配中长期处于从属地位的现状。”《人民日报》的这篇两会特稿，产生非常广泛的影响，全国众多媒体进行转载。中央电视台3月7日一套节目以“十二五时期应加速依次分配改革，促进工资增长”为题，报道了胡成中的发言。

2012年3月3日至3月12日，胡成中出席全国政协十一届五次会议，向大会递交了《尽快提炼当代中国人的核心价值观》《金融业适当让利，支持制造业发展》《关于统筹解决农民工住房问题的建议》等3个提案。3月9日，在第二次全体会议上，胡成中作了《中小制造企业的困境和出路》专题发言，赢得广泛好评。他提出，中小制造企业的根本出路在于自强自立。但政府及相关部门一定要采取有力措施，优化企业的生存环境，为此提出四点建议，帮助企业共克时艰。胡成中的提案、发言，引起媒体的广泛关注。《浙江日报》两会期间对胡成中的报道达9次之多。特别是《金融业要让利制造业》在网络上广为流传。《人民画报》以整版篇幅，图文并茂地报道了胡成中履行政协委员职责的情况。胡成中的大会发言网络电视现场直播，3月9日当晚的中央电视台《新闻联播》做了报道。接着，全国大部分媒体都做了报道。在经济界的小组讨论会上，胡成中也多次发言。在讨论温总理《政府工作报告》时，他提出："政府要引导国企调整产业布局，把一般性行业的发展空间尽量留给民间投资主体，防范国企过度扩张，对民企中小企业形成挤出效应。"3月5日当晚，中央电视台的《新闻联播》予以播出。胡成中的另一次发言，提出要放开地方中小银行的经营，放开民企经营领域的限制。他提出，政府应该把更多竞争性的项目让给民企。香港《文汇报》以"经济巨头吁：中国应坚守制造业"为题，对他的发言进行报道。《证券时报》也做了报道，标题是《两位中小企业主委员炮轰为哪般》。

# 第十三届全国人民代表大会代表

2018年1月30日，在浙江省十三届人大一次会议上，胡成中当选第十三届全国人民代表大会代表。

2018年3月5日至3月20日，胡成中出席第十三届全国人民代表大会第一次会议。他向大会提交了《关于保护乐清湾海洋生态环境的建议》《关于扶持建筑垃圾资源化再利用行业发展的建议》《关于完善贷款保证制度的建议》《关于加强驰名商标保护的建议》等4件建议。

会议期间，胡成中参加浙江代表团，聆听、审议了李克强总理的《政府工作报告》，审议了中共中央关于修改宪法部分内容的建议，审议了最高人民法院工作报告和最高人民检察院工作报告，听取、审议了全国人大常委会委员长张德江关于全国人民代表大会常务委员会工作的报告，审议了《监察法（草案）》、机构改革方案。3月13日，浙江代表团审议《监察法（草案）》，胡成中做了《为反腐立法点赞叫好》的发言。中央电视台在次日的《朝闻天下》栏目播出了专门报道。

胡成中敢于直言，善于献策，成为媒体争相采访的对象。中央电视台、新华社、新华网、人民网、中国网、中华工商时报、国际金融报、中国建设报、中国环境报、中国建材报、中国电力报、亮报、机电商报等数十家新闻媒体，采访报道了胡成中的建议。其中新华社记者两次采访报道，《浙江日报》先后四次采访报道。

2019年3月5日至3月15日，胡成中出席第十三届全国人民代表大会第二次会议。他向大会提交了《关于深化政务改革构建新型政商关系的建议》《关于加大对民营企业打造先进制造业支持力度的建议》《关于加快推进产融结合支持新材料产业发展的建议》《关于坚持股东有限责任制度改善民营企业融资环境的建议》等4件建议。

3月5日，胡成中聆听了李克强总理的《政府工作报告》。胡成中说，政府工作报告中，减税降费力度很大，同时还提出要努力打造良好营商环境，让企业家安心搞经营、放心办企业。这充分体现了党和政府对民营企业的关心，让我们心情振奋、信心倍增，做大做强企业的决心更加坚定。3月10日，在浙江代表团审议《外商投资法（草案）》时，胡成中做了发言。他坚定地表态支持制定《外商投资法》，并提出外商投资相关法规的价值，已经被温州和德力西发展历程的实践所检验，他认为这部法律对扩大对外开放的推动作用不可估量，一定会加速中国与全球经济的对接，推动企业转型升级、做大做强。3月13日，在审议《最高人民检察院工作报告》时，胡成中指出，他赞同这个报告，《报告》最大的特点是为企业发展提供有力保障，最大的亮点是为企业贴心服务，最大的优点是让民企安心经营。在两会期间，胡成中参与了大会全部议题的审议审查工作，履职尽责，充分行使了人大代表的权利。参会期间，他还及时向有关单位转达了多份人民群众的来电、来函和来信。

2020年5月22日至28日，胡成中出席十三届全国人民代表大会第三次会议。他向大会提交了《关于加快智慧城市建设 提高疾病防控能力的建议》《关于大力支持国家级智能电气创新中心建设的建议》《关于打造芯片强国引领经济高质量发展的建议》《关于优化慈善生态提高公信力的建议》和《关于优化高速公路“费改”政策减轻社会通行负担的建议》等5件建议。

在参加小组审议时，胡成中就政府工做报告、民法典、最高法工作报告等做了发言。相关建议和发言，得到了有关部委的积极响应，最高法办公厅在他发言当天就发来感谢信，表示将对他提出的加大涉企侵权犯罪打击力度的建议进行认真研究；交通运输部派专人与他当面沟通，说明有关情况并征询高速公路费改的优化建议。

各界媒体广泛关注胡成中的认真履职。中央电视台、新华网、人民网、中国网、凤凰网、大公网、《经济日报》、《中华工商时报》等数十家新闻媒体，采访报道了他的建议和发言。其中《浙江日报》、浙江卫视先后多次采访报道。《温州日报》《乐清日报》等也第一时间进行了宣传。

2021年3月5至3月11日，胡成中出席第十三届全国人民代表大会第四次会议。他向大会提交了《关于进一步加大打击侵犯企业知识产权行为力度的建议》、《关于加强生物识别信息管理筑牢公民隐私边界的建议》、《关于压实企业责任 保障“小哥”群体劳动权益的建议》等三件建议。

胡成中认真履职尽责、积极建言献策，受到新华社、中央电视台、人民网、央广《经济之声》等多家中央权威媒体的持续关注和集中报道。胡成中的建议和发言还被新华社客户端、新闻联播官微、人民日报微博、凤凰网等媒体大量报道或转载，其中，胡成中有关快递员、外卖员等灵活用工群体劳动权益保障的建议还登上新浪微博热搜，阅读量超 1.7 亿次。